文剑辉 同志
被评为全国优秀教师
并授予优秀教师奖章

当老师真好

教师像一棵树，
看着学生像小草、小树一样成长

文剑辉 ◎ 著

暨南大学出版社
JINAN UNIVERSITY PRESS

中国·广州

图书在版编目（CIP）数据

当老师真好/文剑辉著 . —广州：暨南大学出版社，2024.4
ISBN 978 - 7 - 5668 - 3879 - 7

Ⅰ. ①当… Ⅱ. ①文… Ⅲ. ①教育工作—文集 Ⅳ. ①G4 - 53

中国国家版本馆 CIP 数据核字（2024）第 012247 号

当老师真好
DANG LAOSHI ZHENHAO
著　者：文剑辉
···

出 版 人：阳　翼
统　　筹：武艳飞
责任编辑：陈绪泉
责任校对：刘舜怡　陈慧妍
责任印制：周一丹　郑玉婷

出版发行：暨南大学出版社（511434）
电　　话：总编室（8620）31105261
　　　　　营销部（8620）37331682　37331689
传　　真：（8620）31105289（办公室）　37331684（营销部）
网　　址：http://www.jnupress.com
排　　版：广州良弓广告有限公司
印　　刷：广州市友盛彩印有限公司
开　　本：787mm×1092mm　1/16
印　　张：17.25
字　　数：270 千
版　　次：2024 年 4 月第 1 版
印　　次：2024 年 4 月第 1 次
定　　价：69.80 元

（暨大版图书如有印装质量问题，请与出版社总编室联系调换）

序一　一个优秀教师的教育叙事与生活叙事

　　文老师是我熟悉的师长。他从教以来经历过许多工作岗位：大学毕业后在中学当过教师、副校长、校长。后来调到韩山师范学院（以下简称韩师）工作，任学科教学论教师，还担任过人事处、组织部及二级学院党总支负责人。退休后又被一所民办学校聘为校长。现在回过头来看，他的主业是行政管理，但是他坚持兼课，乐于当一名教师，从教育教学中体会人生的价值和乐趣，这一点从这本书的名字就可以看出来了——《当老师真好》！

　　这本书由三大板块的内容组成。第一部分"我的教育初心与宗旨"，从他个人的教师生涯出发，谈如何当一名好老师的体会，属于教育叙事；第二部分"我的教育思考及教研成果"，主要汇集他的教学研究成果，包括论文，属于学术研究；第三部分"我的教育底色与憧憬"，把他微信朋友圈中一些零碎的文字收集起来，有教育随想、有生活感悟，是一个教育者的人生叙事。初看起来，这三部分的内容有点杂。但是，它们之间又有内在的一致性，简单来说，就是一位热爱教育事业的教师，在谈他的人生追求、教育研究与教育生活。

　　这本书中的教育研究当然是有价值的。但是，我更感兴趣的是教育叙事和人生叙事部分。

　　先谈教育叙事。这部分有一个主题：如何成为一个好老师？作者对这个问题显然是有深入思考的，五个小标题就好像在搭建一个逻辑严密的理论框架——要成为一个好老师，必须是：心中有理想、身上有热情、手中有书本、工作有心思、生活有色彩。但是，作者不是以说理论证的方式来构建一个理论体系——那不是他的长处，他是以叙事的方式，通过个人的教育经历和教育事件的讲述，表达他的教育理念和见解。坦率地讲，这类文字虽然缺乏理论色彩，但是很鲜活、很有温度，反而更有魅力和说服力。我们可以摘录两段文字读一读：

"我记得刚参加工作的那几年，每月工资才几十元，想买一辆自行车上下班都买不起，所以，从学校到家里约 6 里路程都是步行来往。很有趣的是，有些学生的家庭经济状况较好，家里买了自行车让他们骑着上下学。我在上下班的路上，经常有学生主动停下车来对我说：'文老师，我载您！'现在想起诸如此类的一幕幕往事，真真切切感受到那个时候的山区学生真懂事、真朴实、真可爱。师生之间的感情清纯得像凤凰山的泉水，饮一口回味无穷。"

为什么要当一个好老师？"首先，作为人民教师……我们现在是老师，但以前我们也都当过学生……我们如果稍稍回顾一下，在读书期间，有好多老师教过我们，这些老师里至少有那么两三位或三五位，他们在你的心中，称得上'好老师'。由于他们对你的精心教育，用心引导，你由衷地尊敬他们，感谢他们。……我们当老师之后，有没有像以前教过我们的好老师一样，用心教好现在自己的学生呢？其次，我们老师现在（或者将来）也有自己的孩子……我们的孩子上学的时候，作为父母，我们多么希望自己的孩子……能够有好的语文、数学、英语等科目的老师来教他。……现在的问题是……那作为老师，有没有像你所要求的好老师一样教好别人的孩子呢？"

这两段文字，前一段是在说明教师这样一个职业值不值，后一段是在说明为什么要有"做一个好老师"的理想追求。这些文字所表现的特征很明显：第一，作者的姿态不是居高临下的，他有时像一个朋友，津津有味地和你分享他的生活体会；有时像一个长者，娓娓道来他的生活经验和感悟。第二，他既不贩卖高深的理论，也不喜欢那些高调的大词。即或是说理，他说的是常理、常识，他表达的是人之常情。当你看够了那些很高深其实是故弄玄虚的理论，或者很高调其实很空洞、很苍白的大词，会发现这些充满常理和常情的文字很亲切、很质朴、很温暖。

不能说这类感性的文字就不深刻。比如许多人经常把教师比喻为蜡烛，作者就觉得这比喻不恰当，"因为蜡烛虽然有精神之光，却无生命之源，燃着燃着就灰飞烟灭"，"我倒觉得，教师更像一棵树，看着学生像小草、小树一样成长"。教师更像一棵树，我觉得这个比喻就蕴含深刻的道理，他看着学生像小草、小树一样成长，自己也在不断成长。

所以，我个人很喜欢阅读优秀教师的教育叙事，这些教育叙事并不编织严密的理论体系，更多是从个人的教育经历和事件中提取教育理念和教育智慧。这些理念和智慧，或者深刻，或者片面（有时候片面比全面更有启发性），但是生动、鲜活、耐人寻味。

这本书的另外一部分是朋友圈的生活日志。因为是生活日志，所以就不只是说教育，也说父母子女，说人生世相，说天下大事，说花花草草。但是，说的主体没有变化——一个教育者的身份。所以，在生活的场合，作为教育者的身份时常会冒出来，比如有一次和一些晚辈的聚会，作者就在闲聊时提出自己的"台阶理论"：

"我个人认为，人生如果选择比较平坦的路走，当然轻松，但它的终点跟起点就基本在同一个水平面上。平面人生，没了站位感，少了新平台，甚至还会在原地打转；我建议，人生之路还是要走'有台阶'的路，虽然辛苦点，但每走一步就是新提升，每走一步就有新眼界，说不定走到另一个新平台，你就有'一览众山小'的感觉，有风景这边独好的感慨。"

当然，作者朋友圈中显示的教育者，不是一个你过去印象中正襟危坐的形象，而是一个敞开胸怀拥抱这个世界的、有活力、有热情的形象。他甚至经常作诗，不是那种附庸风雅的"老干部体"，而大多是半自由体或者自由体。如果从诗歌的形式和艺术层面来说，他的这些诗作是不太成熟的，但是这些不太成熟的形式，包裹的是作者从内心涌动出来的、那种如年轻人般对生活的热情，我觉得这才是其最宝贵之处。

我们可以把《当老师真好》看作文老师对自己教育生涯的一个总结。这本书是有一定的学术价值的，我们从中可以看到作者富于启发性的教育研究、教育理念、教育智慧。这本书也是有可读性和感染力的，它向我们展示了一位教师丰富多彩的教育生活，展示了一位热爱生活的、富于教育情怀的新时代教师的形象。

黄景忠

2023 年 8 月 30 日

（韩山师范学院副校长、教授）

序二　真·实·好

教师是园丁，是蜡烛，是人类灵魂的工程师，肩负着培养广大青少年学生成为全面发展的社会主义合格建设者和可靠接班人的重任。教师的综合素质、教育初心、对教育事业的热爱程度，在一定程度上制约着教师的发展。文剑辉同志《当老师真好》一书，能给读者，特别是在教师岗位上的读者三点启发：一是要有"当一名好老师"的入职初心和终身追求；二是为更多的教师提供可借鉴的成长路径和思考；三是作为教书育人的教师，要弘扬正能量，追求真善美。

文剑辉同志是我在韩山师范学院工作时教过的学生。那时我刚毕业，担任他们的班主任和科任老师。他毕业后，由于彼此工作较忙，联系并不多。但在交往过程和与其他同学的谈论中，我对这位学生还是有一定的了解的。最近，文剑辉同志把即将要出版的《当老师真好》的书稿发给我，邀请我为该书作序。看到自己的学生又出书，我很高兴。

我阅完书稿，掩卷静思，觉得这本书的特点可以用"真、实、好"三个字来概括。我愿意将自己读书后的心得与大家共勉。

说"真"：书稿自始至终洋溢着作者对教育事业的真情实感，浸透着作者对教书育人深深的爱，这种爱非常执着、充满情怀。我想，在现实中，一名教师对教育能有如此的深挚情感真是难能可贵，这本书也因此显得甚是珍贵。我看了书稿，也真心为文剑辉同志一辈子能干自己喜欢的事情而高兴！我也相信，每个读者看到这本书之后，也有可能受到感染，并认同作者"当老师真好"这一肺腑之言。

　　说"实"：就是实实在在。本书记载作者平实的工作、生活，没有华丽的文字，没有夸张的语言，没有干涩的辞藻，更没有高深的理论，娓娓道来，尽是作者自己的心语、自己的历程，以及为人之师的喜悦和幸福。鲁迅先生说得好：其实地上本没有路，走的人多了，也便成了路。书中反映作者自己的成长之路，就是这样脚踏实地，一步一步走出来，拓宽自己的天地，走向更高的平台。字里行间，可见他不论是担任科任教师，还是负责学校行政工作；不论是在中学工作，还是在大学工作；不论是在公办学校，还是在民办学校，他对教育总是那么的用心、用功，一路走来，他确实是用心血和汗水书写出一名好老师的真实风采。

　　说"好"：首先，我觉得文剑辉同志在韩山师范学院读书时就是一名好学生。我记得，他是恢复高考制度后的第二年考上韩山师范学院的，也就是 1978 年。那时，作为一名山区的孩子和高中毕业后当了 4 年农民的回乡知青，他非常珍惜能上大学的学习机会。他爱惜时间，勤奋努力，曾获得广东省"三好学生标兵"称号。"好"，更表现在他的成长过程：有良好的家庭教育，有工作单位好领导的引导和好老师的栽培，使他树立初心：当一名好老师。他不负众望，干出成绩，1989 年被评为"全国优秀教师"，随后又走上教育行政管理岗位，带出了一批又一批的好老师。我认为，教育就是需要有更多这样的有心人、传承人。

　　真、实、好的灵魂和本质源于爱，是作者对教书育人深深的爱。大学毕业时，在人才缺乏时期毅然选择回乡当中学老师，是对家乡的爱；在物欲横流的现实中，选择一辈子在教师岗位上，是对教育事业的爱，对培养下一代的爱，再上一个层次来讲，是对我们祖国的爱。爱学生、爱教育、爱家乡、爱祖国，贯穿了文剑辉同志四十几年的教育生涯。

　　2016 年 9 月 9 日，习近平总书记到北京市八一学校看望慰问师生时说："一个人遇到好老师是人生的幸运，一个学校拥有好老师是学校的光荣，一个民族源源不断涌现出一批又一批好老师则是民族的希望。"说得真好！

我相信，《当老师真好》这本书能够影响更多的教师热爱教育事业，使更多选择当老师的人能够成为好老师。

作为他曾经的老师，我为文剑辉同志的进步和成长而高兴，也为这本书即将付梓而点赞，是为序。

曾　仲

2023 年 8 月 21 日

序二　真·实·好

序三　留得人间四月天

——品读文剑辉老师《当老师真好》有感

继《优秀教师成长之路》后，文剑辉老师又一心力之作——《当老师真好》又要出版了，这是教育界的一大幸事！作为挚友，我有幸提前拜读了书稿。透过自然、朴实、诚挚的记述，回头再细细品读文老师其人其事，让人感觉更加完整入味。沉浸其中，一股强而有力的精神激荡着你，让你不由自主地发出赞叹：能像文老师一样，当一位优秀的人民教师，的确真好！

当优秀的老师真好，但不易！文老师从教整整 42 个春秋，这 42 年正逢波澜壮阔的改革开放，正是中国经济激荡奋进的 42 年。激流勇进，冲刷了一些人的思想，改变了一些人的价值观念，金钱几乎成了价值与成功的唯一标准。这对教师职业的考验是严酷的！君不见，有多少老师在激流中弃教从商，过上"富足"的生活，对往昔的同事常常投来"惋惜"之情。君不见，有多少老师被这"惋惜"之情包围得透不过气来，浑浑噩噩，日复一日。在这种背景下，当老师不易，当优秀的人民教师更是不易啊！没有高瞻远瞩、耐受寂寞的家国情怀，能当优秀的人民教师吗?!

当优秀的老师真好，但不易！除了仰望天空，还要脚踏实地。立德明志、淡泊修身、勤学苦练、孜孜以求、诲人不倦、守正创新，哪一样能一刻马虎应付！"不经一番寒彻骨，怎得梅花扑鼻香?"文老师少年时期在父母言传身教的熏陶下，立志高远，报效家乡的拳拳之情时刻激励着他奋发图强。文老师是恢复高考后的第二届大学生，1978 年广东高考录取率不到 2%，自学成才考上韩山师范学院在当年是相当不易的。恢复高考前，文老师在家乡凤凰山区晴耕雨读，荷锄细作，当了四年知青，饱尝人间烟火。拳拳赤子情牵引着文老师的心，大学毕业后他毅然回到家乡凤凰山区当教师。山清水秀人心亮，天朗气清讲台爽，讲台一站就是11年，一步一个脚印，从普通教师成长为全国优秀教师、教研组长、校长，带出了一批批优秀的学生。你问凤凰山的杜鹃花儿为什么那样红？因为有一群群和文老师一样的赤子前赴后继把最美好的青春洒在家乡的热土上，而这一群群赤子中就有不少是文老师的学生！这真是"一枝独秀不是春，百花齐放春满园"！老师能当到这境界，真好！斐然的教学成绩，也使文老师得到了幸运之神的垂青。1992年文剑辉老师迎来职业生涯的一大光辉转折，因教学成绩出色，从凤凰中学被调到母校韩师任教，成为飞出凤凰山的金凤凰。登上大学殿堂，文老师初心不改，韩师三十载，治学严谨，弘道万千，桃李满人间。

当优秀的老师真好，但不易！何为好老师，把"孩子教好"。教好别人家的孩子不易，教好自己的孩子更不易。文老师的优秀之处还在能够很好地把学校教育和家庭教育统一起来，教好别人家的孩子，让人钦佩，教好自己的孩子，让人羡慕。其儿子文希医生是博士，现在是广东省第二中医院副主任医生、康复科负责人，还是广州中医药大学副教授、硕士生导师。文希医生也是我敬佩的一位好医生，仁心仁术，有本事没脾气。与文老师相识二十年，最感人的就是他家的家风传承：诗礼传家，儒雅淳朴，乐观向上，生生不息，一代更比一代强，一山更比一山高！当老师能有这境界，羡慕！

当优秀的老师不易，但文老师做到了！在文老师的办公室里，挂着他自己的一幅墨宝："学而不厌，诲人不倦，发奋忘食，乐而忘忧，不知老之将至。"这是文老师职业生涯恪守的格言，他做到了！但文老师退而不休，全然没有老的味道，依然把生活折腾得有滋有味，琴棋书画球，一样都不丢；著书又立说，只把文脉留；当老师真好，今生复何求！

张松春

2023 年 8 月 30 日

自　序

也许当老师的时间长了，
从 1981 年韩师毕业，到 2023 年已 42 载；
也许将从教坛退下，喜欢谈谈过去，有空侃侃未来——
聊天中，时不时有人问我："当一辈子老师，滋味怎样？"
我斟酌往事，由衷地说：当老师的滋味真好！
如果职业可以再选择一次，
我还会在为师之道上再走一遭。

当小学老师也好，就像我的爸爸、妈妈，还有两个妹妹。
他们当了一辈子的小学老师，教而不厌、诲人不倦。
妈妈当过我的班主任，教过我的语文；
爸爸教过我的数学，做过学校的行政工作。
妈妈不怒自威，爸爸和蔼可亲，
跟天下的父母亲一样，为子女付出无尽的爱；
跟天下的老师们一样，尽心尽力，哺育未来。
他们一生虽未有惊天伟业，
但他们舒心地工作，开心地生活。

当中学老师也好，就像我自己和我爱人，
我毕业后回到自己的母校——凤凰中学。
当过老师、教研组长、校长，
荣幸地被评为"全国优秀教师"。

十一年的青春时光，十一年的乡村生涯；

十一年的孜孜不倦，十一年的无怨无悔。

尝过很多辛苦、不少甘甜。

那个时候的凤凰山坡，很绿、很绿，

那个时候的凤凰溪水，很清、很清。

那个时候的人事简单，那个时候的设备简陋，

那个时候的学生简朴，那个时候的老师简约。

那个时候……

忘不了，那个时候的一切一切……

当大学老师当然更好，图书馆的书更多、工作平台更大，

我自己，我儿子文希、儿媳李云海都是大学老师。

常有：天朗气清教坛爽，父子异地上讲堂；

深感：吾虽赢儿几分熟，儿却胜吾天地广。

我在韩师工作三十年，见证了韩师校园由小变大，感受了韩师实力由弱向强。

结识了很多教授，交往了不少博士，

映衬出自己的渺小，领略到人才的高大。

三十年的磨炼，上过好多课程，变换不少岗位，

唯一不变的是，一直没离开过眷恋的讲台。

三十届的学生，课堂内外，宿舍校道，

和谐交流，教学相长。

到如今，教过的学生在潮汕大地上随处可见，

至现在，眷恋的讲台仍然是我的最爱……

文剑辉

2023 年 9 月 30 日

目 录 ▶

CONTENTS

上编

我的教育初心与宗旨：做一名有滋有味的好老师

上 编

我的教育初心与宗旨：
做一名有滋有味的好老师

我于 1958 年出生于潮安县凤凰山区。小学、中学都在凤凰读书，1974 年高中毕业。那时是"文化大革命"的后期，国家还没恢复高考制度。所以，高中毕业后我回到家乡当了 4 年的知青。很庆幸的是，"四人帮"打倒之后，1977 年恢复了高考。我于 1978 年参加高考，被录取为韩山师范高等专科学校化学教育专业的学生。1981 年毕业，毕业后我被分配到家乡的中学当化学老师。

时间过得真快，屈指一数，大学毕业到如今已整整 42 年了。

也许在教书生涯的征途上，在目送夕阳的同时，我也喜欢憧憬着朝阳的初升，欣赏"心中无落日，何处是黄昏"的心境，喜欢谈谈过去，说说未来。

也许是缘分，也许是传承，一家人中，父母、我、我的爱人和我的两个妹妹都是教师。虽然我的儿子、儿媳，他们在广州中医药大学附属医院工作，主要职业是医师，但他们同时也是广州中医药大学的兼职教师。我之所以喜欢谈论教师的话题，不论从主观心理，还是从我的生活和工作经历来说，都是可以理解的。

教育、教师同一类话题谈多了，有时朋友就会对我说："文老师，看起来你很喜欢教育，对当老师情有独钟。"我说："是啊，我发自内心喜欢教书，我感觉当老师真好。""当老师真的很好吗？"有时，我也会反躬自问：当老师究竟好在哪里？

我记得刚参加工作的那几年，每月工资才几十元，想买一辆自行车上下班都买不起。所以，从学校到家里约 6 里路程都是步行来往。很有趣的是，有些学生的家庭经济状况较好，家里买了自行车让他们骑着上下学。我在上下班的路上，经常有学生主动停下车来对我说："文老师，我载您！"现在想起诸如此类的一幕幕往事，真真切切感受到那个时候的山区学生真懂事、真朴实、真可爱。师生之间的感情清纯得像凤凰山的泉水，饮一口回味无穷。

我记得，我在凤凰中学工作时，教的是高中毕业班的化学课。不少学生在学习化学的过程中，总觉得化学知识不难学，但知识点比较零碎，记忆难度大。我对学生说，中学的化学知识有一个特点：一学就会，一放就丢。为了帮学生整理知识、形成系统、学好化学，我对学生讲：化学的一个个知识点，就像一颗颗的珍珠，如果单靠手去拿捏，一只手抓不到几颗珍珠。假如我们用一根线把珍珠串起来，手轻轻一捏，就能提起一大串。学生听后恍然大悟，终于在老师的帮助下找到这根"线"，学习效率大幅度提升。后来学生把这种方法称为"串珍珠"学习法。不久前，我遇到一个以前教过的学生，还提起"串珍珠"学习法。她说，现在她上化学课时，经常把这种方法介绍给学生，提高他们的学习效率。诸如此类的教学点子和学习方法，我在韩师给师范生上课时，经常与学生共同分享、深化和优化。我认为，这就是教育传承。只要我们每位老师都做教育的有心人，我们的教学方法就更有效，学生的学习方法就更多，教学质量就更好。

我记得，我在凤凰中学教过的学生，现在相当一部分在外面工作，很多事业有成。每每有机会回家乡小聚时，他们如数家珍一样说起那时师生之间的一些往事，不亦乐乎！有些学生还感叹：那时的老师对学生真好！想想，我不就是"那时的老师"其中一个吗？如果天底下的学生都懂得，自己能读好书，后来有好的发展，离不开好老师的教导，这就是一种"好"的传承和爱的传递！在人世间，能做"好"和"爱"的传递者，难道不值得高兴吗？

我记得，几年前应邀到深圳龙岗的一家民营企业参观，我的一个学生是这家企业的管理者。在边参观边交流的过程中，我对他说："你真行！经营这么大的一家企业。"我的学生说："老师呀，我也是在跌跌撞撞中走过来的。甚至，在最困难的时候，曾经想过要放弃。老师，您知道吗？就是那个时候您说过的一句话，鼓励我继续走到今天！"我很惊讶，说起来也见笑，我怎么想也想不起曾经对这位学生说了什么。

我记得，在韩师中文系工作过程中，每年新生入学，我都给新生做"怎样应对人生的困难与挫折"的专题讲座。曾经有一个即将要毕业的学生告诉我："文老师，如果没有大一时候您给我们开的那个讲座的启发和引导，我也许走不到今天。"我问："为什么？"他说："在读大二时，遇到一次很大的挫折，有点想不开。那时，我坐在通往天台的台阶上，想起您给我们讲过邓小平同志'三起三落'经历，对待挫折不屈不挠的故事，我终于想开了：我的这点困难、这点挫折算得了什么！"

我记得，我退休后受聘到韩山师范学院附属实验学校（以下简称韩附）任校长，我经常给学校的老师、学生和家长开讲座、谈心得。曾经有家长听过我《家长怎么说，孩子愿意听》的讲座之后对我说："文校长，我如果早知道跟孩子交流时，应该怎样把话说好，我与孩子的沟通就不会那么辛苦了。"

我记得，在韩附的教室里，曾经有学生对我说："文校长，上次听了您'不做"差不多"的学生，要做更好的自己'的讲座，我终于懂得什么叫奋发进取，懂得了怎样把自己的事情做得更好。通过自己的努力，现在老师、同学都说我进步了。"

我记得，每每应邀给教育界同行上培训课时，不少老师听后对我说："文老师，您的课讲得很实在、很接地气，听后启发很大。"有的老师甚至鼓励我，希望我能把教育思想和教育经历传开去，让更多的人受到启发。2019年，深圳一位到韩师参加骨干教师培训班的何老师，听了我的讲座后，对我说："文老师，您最好能给韩师每个班级的同学讲一次课，你的师弟师妹肯定会受益匪浅。"我还想到，有一次我给普宁高级实验学校（原普宁师范学校）培训班上课，课间有两位参加培训的教师走上讲台，很诚恳地对我说："老师，您的课如果能到全国各所中小学校讲一次，中国的教育就有希望。"我听后大吃一惊！我说："你们不要吓我啦，如果你们听了我的课，能有所收获，我就心满意足了。"

我记得，我给校长培训班的同行讲了"校长在学习中成长"的学习体会。有位校长课后对我说："文老师，说实在的，听讲座前，我认为学习是学生或者是教师的事，校长是管理者，为啥还要学那么多东西。听了讲座后，对我触动很大。如果我不学，就跟不上形势的需要。"

我记得，2018—2019年我被聘为潮州市委宣传部"百姓宣讲团"成员，经常到乡村、单位去宣讲。有一次，我应邀到潮州市委纪委办公室宣讲"怎样做一名有所作为的好干部"这一专题。讲座后，一位纪委干部对我说："文老师，你讲得很好，很接地气，以后多给机关干部讲讲，对大家启发很大，令大家受益匪浅。"

我记得……

我知道，记得的往事是零碎的，或者是不完整的。但这些往事就像一颗颗糖果，一杯杯清茶，细品耐人寻味。

总的来说，我就是喜欢教书，喜欢当老师。我42年的教学生涯可以说有三分之二的时间是当行政管理干部，当中学校长。在韩师工作期间，更多时间是做管理工作，本来是可以不用再去上课了。但是，我从来没走下讲台，一直坚持上课、兼课。就是现在我退休了，我每周还是坚持上课。也许这就是我平生所好，一生所爱。

那么，究竟该怎样做才能把老师当好，成为一名有滋有味的好老师呢？从指导思想方面，我们已经有了答案。2014年教师节前夕，习近平总书记在北京师范大学教师座谈会上，对老师们提出了明确要求，要我们力争做一名"四有"（有理想信念、有道德情操、有扎实学识、有仁爱之心）的好老师。

我通过学习习近平总书记"四有好老师"的讲话精神，结合实际情况，本着交流思想的目的，跟大家谈谈自己的一些亲身感受和体会，期望能起到抛砖引玉的作用。正如英国著名作家萧伯纳讲的一样："如果你有一个苹果，我有一个苹果，彼此交换，我们每个人仍只有一个苹果；如果你有一种思想，我有一种思想，彼此交换，我们每个人就有了两种思想，甚至多于两种思想。"

那究竟怎样做才能成为一名有滋有味的好老师呢？

一、心中有理想

习近平总书记提出我们共产党人要有自己的初心、梦想：为中国人民谋幸福，为中华民族谋复兴。我们作为一名教育工作者，一名教师，也应该有自己的梦想、理想和工作目标。如果一个人有理想、有目标，心中就有追求，工作就有方向。正像全国著名的特级教师于永正老师在他的著作《做一个学生喜欢的老师——我的为师之道》里所说的一样："人应当有追求，有抱负。虽然不一定都能如愿以偿，但为实现理想的付出，一定会收获充盈。"读了这一段话，我很有感慨，引发了自己很多回顾和思考。

20 世纪七八十年代，在计划经济的背景下，大多数年轻人的思想是比较单纯的。比如说，我好不容易考上大学（1978年广东高考录取率不到 2%），读了几年大学，毕业被分配回自己的老家——凤凰山区工作，一点情绪都没有。这并不是我那个时候思想有多高尚，倒是我心底里有一种很朴实的想法：自己是山区农村的孩子，如果还不愿意回自己的家乡工作，那么，其他地方的人，特别是城里人，怎么愿意到这里工作呢？假如，真的没有人愿意到偏远的山区、农村工作，那么，我们家乡的孩子谁来教呢？

想起这些往事，我首先要感恩家庭教育。我出身于教师家庭，家庭教育的熏陶，使我刚毕业走上社会就有良好的引导，也可以说是父母亲帮我"扣好人生的第一粒扣子"。记得自己在读小学、中学的时候，爸妈就经常敦促我要好好读书，以后争取读大学，最好是读师范院校，毕业后像他们一样当老师。后来真的如愿以偿，自己考上了大学，也真的读了师范专业，成为一名光荣的人民教师。我毕业后还没到学校报到，父母就开始对我唠叨："现在你即将当老师了，要好好教书，千万不能误人子弟！要争取当一名好老师。"

到学校报到后，学校的老校长对我们年轻老师是非常关心的。记得老校长经常到我宿舍嘘寒问暖，多次语重心长地对我说："剑辉呀，你能回母校工作我很高兴，你要好好工作，为自己争气，为农村、山区学校争光，要争当一名好老师。"那时，我感觉很奇怪，为什么我的父母、我的校长他们会不约而同地希望我当一名好老师呢？

开学后，当我自己站在讲台上，看到山区、农村学生渴求知识的眼神，良心提醒我，对这些孩子，我必须把老师当好。从此，不能误人子弟、当一名好老师就成了我的初心、我的梦想、我的追求。何曾想，有了梦想并不等于后面的路就走得顺畅。现在回想起来，真有点像当今年轻人所说的一样：理想是丰满的，但现实却很骨感。

凤凰中学八三届初三(2)班师生合影留念 83.6.12

我工作的第一学期就遇到很大的困难，发生了很尴尬的事。事情还得从我学的专业说起，我在大学读的是化学教育专业，大家猜猜，我这样的资格，第一学期学校会安排我这位新老师担任什么工作呢？我估计，很少人能猜到。学校要我担任高中毕业班的化学科任老师兼班主任及学校共青团书记。安排当班主任算是给青年教师一个锻炼的机会，安排当共青团书记也算是对我的一种信任。但要我担任高中毕业班的科任老师就太出乎我的意料了！我立马找到校长，急匆匆地对校长说："校长，您有没有搞错？第一，我是专科生，按正常情况我应该教初中，您怎么安排我教高中？第二，我刚出来工作，没有教学经验，高中毕业班的学生明年就要高考，我怎么带学生进行复习备考呢？耽误了学生可怎么办？"校长看我着急的样子，反而很淡定，微笑地对我说："文老师呀，你去问一下，了解一下，假如我们学校里边有一位像你一样是科班出身的化学老师，我就安排他来接你这份工作。"听校长这么说，我真去了解了，我（还有同年大学毕业分配来校的一位化学老师）分配到学校的前几年里，真的没有一位科班出身的化学老师。那么，以前高中毕业班的化学谁来教呢？有数学、生物或其他专业的老师转过来教化学，更有甚者，代课、民办教师也曾经教过高中毕业班的化学课。这就是 20 世纪 80 年代初，山区、乡村中学师资队伍水平参差不齐的真实写照。

我不敢说我有高姿态，那时我想，学校既然有这样的实际困难，作为一名年轻老师，我再推脱就不应该了。所以，我像被赶着的鸭子一样上架了，上岗了就要认真工作，就要把工作做好。我跟许许多多的年轻老师们一样，有一股青春的热情，很想把工作做好。那时候，山区、农村中学的学生很朴实很配合，我们师生辛辛苦苦努力了一年，很快地就迎来了高考。高考的成绩怎么样？很尴尬！我教的班级高考的化学成绩排潮安县（那时潮安县还没升格为潮州市）倒数第三！记得我跟同事一起在看成绩的排名表时，校长刚好走过来，他看到我脸上表情不太好，就安慰我说："文老师呀，你今年所教的科目高考成绩虽然倒数第三名，但你知道吗？今年这个成绩对比往年还是有进步的，我们学校的高考成绩经常是垫底的。"校长这么一说，我好像找到了一根救命稻草一样，立即跑到学校教务处，查了历年高考成绩的排名表，发现校长实话实说，历年成绩真的很尴尬。我认为，这并不是说山区学校的孩子不读书，农村学校的老师不努力，成绩尴尬主要是由师资队伍参差不齐、教学条件差、学生底子薄等因素而造成的。

了解学校历年高考成绩后，我反而从尴尬的成绩里找到了一分自信。我想，我虽然是一名新老师，缺少教学经验，但教了一年成绩就稍稍有进步。如果我和学生继续努力下去，或许成绩会逐步提高。接下来的第二年、第三年、第四年，我和学生更拼了，更加努力。高考成绩也真的一年上了一个新台阶。到我工作第五年，也就是 1986 年，我所教学生的化学高考成绩，出现了一个我做梦都不敢想的亮点：潮安县第一名！对这一成绩，不仅我自己不敢相信，很多老师、领导也感觉难以置信。因为大家认为，这样的成绩理应属于重点中学。因为重点中学有良好的生源，有整齐的师资队伍和良好的教学条件，考出好成绩也是理所当然的。这样的成绩出现在一个山区农村学校，而且是一个年轻老师（那一年我还不到 30 岁）教出来的，大家都感到很难理解！

我清楚地记得，后来全县召开了高考总结大会。会议结束，由于当天要赶回老家，我就匆匆要赶去搭车。当我走出会议室门口的时候，好像有人拍了我的肩膀。我一看原来是县教育局教研室的林学荣主任，他是化学教研员。我一看是林老师，称呼一声："林老师，您好！您有什么事要交代吗？"奇怪的是，林老师一句话都没说，只是点一下头，眼睛一直盯着我，足足看了我一分钟左右，看得我有点不自在。随后，他说了两句话，我到现在还记得很清楚。他说："文剑辉呀，你这个高考成绩是怎么弄出来的？！"我们不难理解，他话中的潜台词表明，他对这高考成绩也很惊讶。那时，面对着老领导、老前辈，我一下子真不知道怎么回答好，所以我笑而没答。林老师接着说了第二句话："你要注意啊，我提醒你，下个学期开学后，我一定要带一些化学老师专程到凤凰中学去听你的课。看你究竟是怎样教学生，怎样搞教学的。"对林老师后面的这句话我是半信半疑的：你们有可能为了听一名年轻老师的课，颠颠簸簸走几个小时的山路吗？（那时，凤凰山路不好走，从市区到凤凰单程要花两三个小时）没想到，林老师说话算话。秋季开学之后，林老师真的带了三个金山中学、两个其他高级中学的化学老师（在潮安，这几位老师化学是教得最好的，我们化学老师平时称他们为化学教学权威），专程到凤凰中学听了我一节化学课。由于他们当天要赶回潮州，因而听完课马上就进行评课。评课时说我的课哪些地方上得好，哪些地方有欠缺，我已记不清楚了。但林老师在最后总结时说的一句话，我到现在记忆犹新。他说："文老师啊，听了你的课之后，我们几位老师感觉到，你这小子还真行！"也正是这句现在听起来很朴实、很通俗的话，实实在在地鼓励了我一辈子。

我很欣赏一句话：路是人走出来的。我也深深体验了另一句话的道理：万事开头难，好的开头是成功的一半。作为一名年轻老师，走好了第一步，以后的路就会走得更扎实、更顺畅。回顾这些往事，我感觉到，要当一名好老师，自己心中要有一盏明灯。这盏灯能照亮我们前进的路，指引我们迈向远方的目标。

工作之余，茶余饭后，经常有老师问我："我也很想把老师当好，成为一名好老师。那我该怎么做呢？"对这一问题，很难一而概之，仁者见仁，智者见智。就我自己的体验来说，其根本点是要在"教好孩子"这四个字上下功夫。这几个字初看起来好像很直白，然而，其内涵非常丰富。下面谈谈自己的见解，供大家参考。

"教好孩子"应该从两个方面来看，首先，作为人民教师，要教好每天面对的学生，也就是别人的孩子。我为什么把自己的学生和别人的孩子联系起来，是不是有点牵强呢？我是这样理解的：我们现在是老师，但以前我们也都当过学生，如小学生、中学生、大学生等。我们如果稍稍回顾一下，在读书期间，有好多老师教过我们。这些老师里至少有那么两三位或三五位，他们在你的心中，称得上"好老师"。由于他们对你的精心教育、用心引导，你由衷地尊敬他们、感谢他们。虽然你不一定经常去看他们、经常念叨他们，但在你的心中，这些老师永远是你的"好老师"！我们现在也都当老师了，有刚入伍的新老师，有任教几年、十几年甚至是二三十年以上的老师。老师们，我不知道你是否有思考过、联想过，我们当老师之后，有没有像以前教过我们的好老师一样，用心教好现在自己的学生呢？其次，我们老师现在（或者将来）也有自己的孩子，可能有些孩子在读幼儿园，有些在读小学、中学、大学，有些已毕业走上社会。我们的孩子上学的时候，作为父母，我们多么希望自己的孩子能够到一个教学质量好的学校读书，能够在一个学风好的班级里学习，能够有好的语文、数学、英语等科目的老师来教他。这是父母的真实愿望，是人之常情，古往今来皆如此。现在的问题是，我们有没有联想过，自己希望有好的老师来教自己的孩子，那作为老师，有没有像你所要求的好老师一样教好别人的孩子呢？这就是将心比心，或者说是换位思考。看到这里，我非常希望你能停顿下来，好好思考我刚才提出的两个问题。

我们当老师的，算是文化人。有文化、有素养的人对社会的最大期望就是：公正、公平。那么，如果你真心希望有好的老师来教自己的孩子，当自己作为老师，假如没有像你所要求的好老师一样来教好别人的孩子，这说明你本身就在制造"不公平"。所以，我认为好的教育氛围需要我们共同努力，从我做起，从小事做起。

我觉得，做人做事，包括做老师也一样。如果能够经常进行换位思考、将心比心，我们对问题的思考就会比较理性，行为就会比较合理，我们的工作就会比较顺畅。当你取得成绩时，会有同事、朋友真心为你高兴；当你出现困难的时候，也会有好多人对你伸出援手。这样的人生，这样的工作，可以称得上有滋有味。

老师们，假如我们能把别人的孩子教好了，自己的学生带好了，我们是不是可以这样讲，作为教师、社会的一分子，我们已经履行了我们应尽的职责，体现出了一名教师应有的社会价值。

当然，在教好别人孩子、自己学生的同时，我们千万不能忘记要教好自己的孩子。自己的孩子是自己的未来，也是家庭的未来，同时也是我们祖国的未来。所以，我们作为以教师为职业的父母，更应该在教好自己孩子这个方面有更多的思考和付出。正因为我们是教师，我们比其他职业的家长有较明显的优势：有比较多的教育教学资源和较好的教育能力。不论是对于社会，还是对于家庭，我们理应把自己的孩子教得更好。所以，我建议各位老师，要发挥我们的所长，当好孩子的第一任老师，把自己的孩子养好、教好、带好，以父母的亲情和教师的温情把孩子培养成家里的好孩子、学校的好学生、社会的好公民。假如我们能把自己的孩子教好了，我们是不是可以这样说，作为一名老师，在自己的家庭之中，体现出了教师应有的家庭价值。

作为一名老师，如果能把别人的孩子（自己的学生）教好了，也就体现出教师应有的社会价值；同时，又把自己的孩子教好了，体现出教师应有的家庭价值。我想，做到了这两点，作为教师的人生价值也就体现出来了。一个人在社会、在家庭具有自己应有的价值，也就具备了作为一名老师应有的工作底气，获得了生活快乐、家庭幸福的源泉。反过来讲，假如作为一名老师，没能把自己的学生教好、带好。更具体地讲，作为一名老师，当你站在讲台上时，下面的学生不以为然，不把老师当回事的话，你心里的滋味会怎样？假如你能把老师当好，把别人的孩子教好，自己的孩子却教不好，或者说你有种种原因忽略了自己孩子的引导和教育，那么尴尬也会随之而来。这样的例子太多了，前车可鉴啊！

2016年，我到潮汕的一所学校给小学老师上培训课。那天下午讲完上课内容，我看还有时间，就跟老师们说，如果有问题想互动的老师可以留下来探讨，其他老师可以休息了。随后，多数老师走开了，有五六位老师留下来分别跟我讨论一些问题。

最后有一位大约50岁的女老师走过来，我发现她表情有点沉闷。我主动问她："老师，有什么问题想交流一下吗？"

她边坐下来边说："文老师，刚才人多，我真的不好意思说出口。"接下来她又说，"文老师，您知道吗？今天是高考放榜的日子。"

我想想，那天确实是高考放榜的日子。"今年你有孩子参加高考吗？"我说。她点点头。

"考得不错吧？"我问。

"见笑啊，我孩子真不争气，分数刚进3B录取分数线，他还是复读一年的。"她边说边显得很尴尬的样子。

"文老师，您帮我出出主意，像我孩子这样的成绩，是让他去读3B学校呢，还是继续复读？还是让他出来打工？"她抛出的问题，那时，我一下子也真的拿不出什么好主意。我反问一句："孩子的爸爸是做什么职业的？"她回答说："也是一位老师，是我们乡里一所小学的校长。"

啊，我一时不知道说什么好，心里嘀咕着：父母都是老师，怎么孩子复读一年才考个 3B 的分数？

没等我发问，那位老师一五一十地说了一些情况。大概说明孩子之所以书读不好，他们父母也是有责任的。主要是由于他们对孩子过分疼爱，慢慢地演变为溺爱、娇惯。一贯以来，孩子要什么，父母不加思索就给什么。比如读小学三年级时，孩子吵着要买手机，他们就给小孩买了一部智能手机。小孩玩起手机后，很快对游戏就着迷了，不能自拔。小学读不好，升上初中衔接不上，到了高中已经是在混日子。中间孩子要辍学，父母坚决不同意。这样，孩子才勉强读完高中，参加高考。

这位老师再三表达很痛心、很后悔的心情！我听后，很同情。但我觉得，后悔已晚。早知今日，又何必当初呢！

这样的例子，完全相同的不多，但类似的不少。我们在可怜天下父母心的同时，是不是也该反思一下，为什么作为教书育人的老师、作为肩负孩子成长引路人的家长，在教育、引导孩子的过程中不三思而行、不理性而为呢？

我记得，有一次在教师培训讲座的休息期间，有一位老师问我："我们作为老师，是不是一定要把自己的孩子教得很出息、个个成为尖子生？"我说："孩子教得出息当然好，个个变成尖子生不可能。"那位老师又问："学生、孩子的成长过程究竟什么是最重要的，要放在第一位？"

我觉得，这位老师的问题提得真好。可能不同的老师对这一问题有不同的见解，这个问题很难有标准答案。就我个人的观点，我认为，学生、孩子的成长过程放在第一位的应该是身心健康。

我先说一个真实的故事，再讲讲自己的一些见解。

有一位大学生，是某高校的大二男生，他跟同班的一个女生谈恋爱。不久，男生的父母知道了这一情况，并要求孩子找时间带他的女朋友回家，让他们了解这位女孩子的情况。男生满足了父母的要求，在一个周末，他带着女朋友回家。在周末这两天的接触过程中，父母对女生左看右看，总觉得不合适，心里不认可这位女生做他们孩子的女朋友。在两个年轻人即将回校的时候，父母把他们请到客厅，当面提出反对他们继续谈恋爱。男生一听就接受不了，跟父亲争吵起来，争得不可开交，互不相让，越吵声音越大，越吵情绪越不可控，男生可能感觉再吵下去也不会有好结果，激动之中打开自家的大门，沿着楼梯，一级一级往上爬。女生看到这一情景，感觉情况不妙，去追男生，想把男生拉住。但一个女生在这种情况下，怎么能赶上男生、拉住男生呢？男生一会儿就登上了楼房最顶层，毫不犹豫地一跃而下，一场不可挽回的惨痛悲剧就这样发生了！

悲剧发生后，校方通过各方面的调查了解，掌握了男生的基本情况。据各方面的反映，该男生从小到大、从小学读到大学，学习成绩一直都不错，经常是名列前茅。但是，一贯以来，他性格内向，不善于与人沟通，有事情总闷在心里。这一心理特征没有得到家长和各方的注意，当有他接受不了的事情发生时，他就没办法调整自己，以致不能自控，酿成悲剧。虽然我们很难像心理学家一样对这一悲剧的发生做专业性的详细分析，但也不难看出，性格开朗、心理健康对一个人的健康成长是何等的重要！

我觉得，在当今的社会里，一个成年人只要身心健康，勤奋工作，从事什么职业都能过上小康以上的生活。但一个人身心有一方面出问题，就是大问题。换句话来说，孩子（学生）身心健康，又能把书读好，当然两全其美，求之不得。假如身心健康尚好，学习成绩并不十分突出，作为父母也没必要太过担心，更没必要把学习成绩的高低作为衡量孩子（学生）好坏的唯一标准。

下面，我再说一个真实又很有意思的故事。

韩师有一位林老师到美国做访问学者，他的导师是美国一位很有名的数学教授。访学的前一段时间，他们彼此之间只是工作往来。随着接触增多，互相之间的交流也由工作聊到了家常。下面是他们一次有趣的对话：

林老师："教授，您的小孩出来工作了吗？"

美国教授："孩子参加工作已经四五年了。"

林老师："从事什么职业？"

美国教授："在一个农场工作，为农场主开货车载货物。"

开货车拉货物，这真的很难跟一位赫赫有名的大教授的儿子联系起来，因而林老师感到很惊讶。美国教授或许看清林老师的心思，很自豪地说："别看我小孩干的是一项很普通的工作，但我看得出他每天过得很开心，或许他的幸福指数比我还高呢。假如下辈子的职业可以再做选择，我真的很希望像我的孩子一样，当一个开心的货车司机，享受普通人的愉快生活。"

林老师："为什么呢？"

美国教授回答说："我孩子每天吹着口哨上班去，下班没有负担地享受他的业余生活。我呢，每天上班时绞尽脑汁思考数学问题，下班时满脑子还是数学公式。"

我想，虽然这个故事不能代表大多数人的价值取向，但是我认为，当老师、医生、货车司机、教授、科学家都无可非议。因为人各有志，不能强求。社会分工确实也需要各种各样的人才。

我记得儿子文希参加高考，分数公布后要填报志愿，我们父子俩商量着要报什么志愿，于是有下面一段对话：

我："打算填报什么志愿？"

文希："想先听听爸爸的意见。"

我："要我说，我建议你填报师范专业。我们家族有许多人当老师，总体感觉还不错。你读师范专业，以后像我们一样当老师，再找一位女老师当伴侣，组成一个教师家庭，挺好的。"

文希："当老师也不错，但我更想以后当医生，治病救人也是很有意义的。"

我："其实当老师、当医生都不错。老师、医生当好了，都很受社会尊重。但作为过来人我要告诉你，当老师每天面对的是活泼可爱、青春年少的学生，当医生每天面对的是病人，病魔缠身，难有好心情，愁眉苦脸的较多。你可要仔细掂量，要有心理准备啊。"

文希："其实，这些我都考虑过了，我还是想读医学专业，以后当医生。"

我："既然你考虑好了，我理解、支持你填报医学专业。"

后来，文希读了五年本科临床医学，又读了三年硕士研究生，一共读了八年大学。毕业后他在广州一家医院工作，现在已是副主任医生、康复科室的负责人。几年前，他通过努力又考上了医学博士。我记得，他告诉我考上博士的时候，我刚好在出差。我高兴之余写了下面一封家书。在此，我愿意公开，与各位分享。

希：

你考上了博士，今天云海送你去上学，爸真的很高兴！多好啊！我们家有了硕士，又有了博士，对于我这个一辈子教书的人来说，还有什么比这更高兴的呢？虽然说，父子不言谢，但在这高兴的时刻，我还是要谢谢你！谢谢你的刻苦，谢谢云海对你的支持！谢谢你为自己争气、为家庭争光！

博士，对我来说，是个高尚的名字。记得我到韩师工作后，有一次到广州出差，趁空去广州大学见林昭雄（我在凤凰中学工作时教过的学生）。喝茶谈话间，他说旁边住着一位刚来的博士，"博士！"我惊讶地站了起来说："那你一定要带我去看看，博士是个什么样子。"那时，博士在我心里简直是个高不可攀、很神秘的人。

博士，肯定是一个学养渊博的人。有一次参加某研讨会，有幸被安排跟韩师中文系的王奎光博士（复旦大学毕业）同住。那天晚上，真的使我大开眼界。平时从王博士身上看不出有什么特别的地方，相貌平平，性格随和。但那天晚上他说历史、谈文学信手拈来，旁征博引，使我一下子明白，博士不仅仅是名字好听，更是文化与智慧的标志。

博士，也一定是个勤奋向上、知书达理的人。不说别人，就说你。你跟云海都当医师，很忙，现在孩子又小，加上父母又不在你们身边，没帮做什么事。有多忙，我也想得到。你边工作边复习，有多苦，你自己尝到，爸也很理解。好在你努力，想进取；好在云海理解和支持！你拼啦，你赢啦！爸真的为你感到自豪与高兴。

希，你这次考上博士，不仅仅代表自己如愿以偿，还承接了爸爸未竟的事业，了却了我的心愿。我在韩师读书时就一直有考硕士、读博士的梦想，最后，由于各种原因也真的成了梦，只有想。爸惭愧啊！还是儿你棒！

高兴啊高兴，但高兴之余也应该是理性之时。其一，考上博士并不等于就是博士，要有边工作边读书的辛苦准备；其二，即使成博士了，博士也是人，人的修养跟做学问一样是无止境的；其三，身体是本钱，要懂得忙里偷闲多锻炼。身体棒，工作、家庭、学业才能棒棒的！

祝儿
　安好！

爸字

2017 年 9 月 12 日

总之，作为一名老师，把别人的孩子（自己的学生）教好，把自己的孩子带好，不仅是我们的职责所在，也是人生有滋有味的乐事。

要把别人的孩子、自己的孩子教好、带好，并不是一蹴而就的，必须通过艰辛的努力和不断的探索。要实现这一美好的愿望，我们既要志存高远，又要脚踏实地。长计划，短安排，一步一个脚印朝前走，才有可能如愿以偿。

"三个砌墙师傅的故事"对我们早做安排，树立目标有很强的启发性，大家不妨看一看。

在一个建筑工地上，有三位砌墙师傅在砌墙。一个人走过来，问第一个砌墙师傅："你在干什么？"

第一个砌墙师傅抬起头来，盯着这个人悻悻地说："你没看到吗？我在砌墙。"又埋头去砌墙。

这个人往第二个砌墙师傅走过去，问的是同样的问题，第二个砌墙师傅抬起头来，往上一望，微笑地回答："我在建一幢大楼。"

这个人继续往第三个砌墙师傅走过去，问的也是同样的问题，第三个砌墙师傅抬起头来，往前一看，很淡定地说："我在建一座城市。"

手头在做同样一份工作的三位砌墙师傅，对同样的一个问题有三种不同的回答。很快十年过去了，第一个砌墙师傅仍然还在砌墙，第二个砌墙师傅成了建筑专业的工程师，第三个砌墙师傅则成了一个建筑团队的领导者。

定位决定思路，思路决定出路。思想有多远，我们就能走多远。在同一条起跑线上，做着同样一份平凡的工作，我们要用美好的心情感受生活、憧憬未来。你手头的平凡工作也许正是远大事业的开始，能否意识到这一点意味着你能否成就一项大事业。

二、身上有热情

要当一名有滋有味的好老师，仅有梦想和目标是远远不够的。因为实现梦想，达成目标还必须有更多、更长的投入。

我们时常有过这样的经历，同一学校或同一教研组的老师，时不时会聊到"好老师"这个话题。聊着聊着大家通过实例和比较，可能会比较一致地认为，学校里有那么几位老师的课上得确实好，有那么几位老师的班主任做得不错，学生也很喜欢他们。同事们公认这些老师可称得上是好老师。有趣的是，假如你深入好老师的课堂去听他们的课，你会发现，好老师上课的形式、特点、风格不尽相同，各有自己的特色和风采。班主任工作也一样，他们有各自的一些好点子和好方法。虽然这些好老师有许多不一样，可有一点是一模一样的，就是对工作有一腔热情，甚至是一份激情。他们爱学校、爱工作、爱学生；他们对工作不计较、多投入、任劳任怨。这是好老师所具有的共同的优良品质。

前面讲到，我工作第一年教的是高中毕业班的化学课。工作一段时间后，通过上课时的了解和测验体现出来的成绩，证明学生的知识基础差、底子薄。面对这一现实情况，怎么办呢？我在课堂上分析具体情况之后，请学生说说该怎么办。班里的学生有的摇摇头，表示不知道怎么办，有的沉默不语，一脸迷茫。

看到这一尴尬的情况，我很诚恳地对学生讲："大家的学习底子老师清楚，你们自己也清楚。现在摆在我们面前就两种选择：第一是承认现实，知难而退，消极应对；第二是面对现实，鼓起勇气，知难而进。下面，大家来表态，同意第一选择的同学请举手。"学生你看我，我看你，最后还是没人举手。我接着说："同意第二选择的同学请举手。"我粗略地看了一下，发现几乎所有的同学都举手，只不过有些同学的手举得有点勉强而已。

"同学们，从刚才大家表态的情况来看，大多数同学还是选择知耻为勇，知难而进。这种想法跟老师一样。那么，我们师生一起努力，我相信，我们会进步的。"我接着说，"我现在年轻，有时间、有精力。我愿意利用周末休息时间义务给同学们补课，大家愿意参加补习吗?"

"愿意！愿意！"同学们答。就这样，我经常利用周末的休息时间给同学们补习。记得第一次补习，全班 45 位同学，来了 42 位。可见，那个时候山区学生虽然学习底子差，但学习积极性还是很高的。通过师生的共同努力，学生的知识和自信心都有不同程度的提升，学习成绩也一年上一个小台阶。

最难忘的是 1986 年，就在高考前一个月左右的时间，我很不凑巧地患了重感冒，高烧不退，吃药打针体温都降不下来。最后没办法我只好住院，躺在病床上打点滴，身体很不舒服，心里更不是滋味。我埋怨自己不争气，早不生病晚不生病，刚好是学生最需要老师的时候，在最后复习备考的冲刺阶段，生病了！在这无奈的时刻，我对我的爱人讲，这样吧，你回到家里，把我办公桌上那几本我备课时常用的书和资料拿到病房里来。书和资料拿过来后，我一边打着点滴，一边备课。我阅读高考的复习资料，一道题一道题地看，把典型题目挑出来，一笔一画地把题目写在备课本上。写好题目之后，请学习委员带回班里给同学们练习。第二天他们作业做好之后，我又请学习委员把答案和复习指导带回去让同学们进行校对、学习。这样几个来回之后，很自然地，这位担任学习委员的学生，把老师带病工作的情况告诉同学们。同学们听后，真的被感动了。学生将这种感动变成一种动力，学生的学习动力跟老师的指导力凝成一股合力，终于成就了我前面讲到的那个工作亮点——我任教的学生，化学高考成绩平均分全县第一名。

俗话说得好，人心都是肉长的！学生和老师都一样。只要我们工作做到家了，谁都会感动的。

我并不提倡教师带病工作，但我认为，人生出彩的机会并不太多。如果在关键时刻，该出手时还是要出手，该坚持还是要坚持。现在回过头来反思一下，那个时候如果我在医院里躺着休息治病，也没有学生会埋怨老师不给他们上课，更不会有领导对我说："文老师，你应该带病去上课！"假如我真的躺在病床上，安安静静地休息，学生那边怎么办呢？那个时候我们学校根本就没有老师来代我上课，学生就只能自习，在复习备考的关键阶段摸着石头过河。那么我们可以想象，学生能够冲出一个好成绩来吗？所以我还是要说，作为老师，其他行业也一样，在关键时刻：能坚持时就坚持！该出手时就出手！该亮剑时就亮剑！

前文我们讲到做一名好老师的根本点在于"教好孩子"（即教好别人的孩子和自己的孩子）。那么，做一名好老师的关键点又是在哪里呢？我认为，这个问题同样很难有标准答案，不同的老师肯定有不同的体验和看法。我的体会是，要做一名好老师，关键要有"两个悟"，一个叫作"觉悟"，一个叫作"悟性"。对于这个"悟"字，我们斟酌一下还是挺有意思的。"悟"字的右边是一个"吾"，就是"我"，左边是一个"心"，那么，"悟"是否可以通俗地理解为"我的心"，或者说"发自内心"。假如可以这样理解的话，有"觉悟"，就可以理解为发自内心想做事、有做事。一个有觉悟的老师就能够在工作过程中履行其职责，完成工作任务。假如在想做事、有做事的基础上，再想方设法把每一件事情做得更好（觉悟水平提高，更努力），那么，你就有可能由一个普通的老师逐渐地成长为一名好老师。

我在韩师工作30年，教过的学生相当一部分毕业后当了老师。他们大多数有觉悟、有热情，成绩斐然。很多学生已由一个普通老师成长为好老师、优秀老师；不少学生已成为学校的教学骨干或行政领导，这是很值得高兴的事情。然而，有少部分毕业生，当了老师以后的思想和行为变化还是值得我们关注和探讨的。

比如说，在与这部分学生交往中，我经常问他们一个问题：当老师以后感觉滋味怎么样？干得怎么样？有些年轻老师这样说：好像没什么特别的感觉，倒是认为，平平淡淡才是真。我一听就觉得这种观点应该探讨。如果把平平淡淡作为个人的生活方式和生活态度，无可非议，我自己也提倡过平淡、简约的生活。但是，如果把教师的工作态度、工作状态定格在"平平淡淡"这四个字上，我真的不敢恭维！

如果我们在教书育人的岗位上，平平淡淡地对待日常教学，平平淡淡地管理班级，就有可能把本可奋发向上、团结进取的班集体"平淡"下去，很有可能也把你所任科目的教学成绩"平淡"下去，也就是你的工作效果很"平淡"。这一结果是你原先的态度和选择使然，你必须面对。但是，作为老师是否想到，由于你工作效果的"平淡"，你所带班级的学生也会跟着你一起"平淡"下去了！试想，假如你的孩子就在你带的班级里，你的心里是什么滋味？

我觉得，平平淡淡虽不能等同于不思进取，但其实，"平淡工作"的思想离马虎应付的行动已经不远了。这可不仅仅是马虎了工作，更可悲的是耽误了下一代！同时，也耽误了自己的工作前程！

现在有一个热词叫"双赢"。什么叫"双赢"？我的理解是，做好本职工作就是双赢！对于教师来说，能教好学生，又能成就自己。这就是"双赢"。

老师，不仅仅是称呼；老师，教育着很多家庭的孩子；老师，承载着很多家庭的期望；老师，影响着很多家庭的未来！我们千万不要平淡对待自己的工作，因为你作为老师，是学生的示范，是学生的榜样。你对工作平淡了，学生不仅看在眼里、记在心里，而且有可能学着你，像你一样平淡，甚至比你更平淡。当你有一天觉得不能这样平淡时，已经是误人子弟，追悔莫及了！甚至以后学生长大了、懂事了，他们会说："那时，我还小，不懂事，平淡了自己；老师，您那个时候难道也不懂事吗？"

思想是行动的先导。有好的思想、好的觉悟，才能有好的行为和工作效果。我发现好老师除了有好的思想觉悟之外，他们还有另一个很突出的好习惯，就是主动反思、善于反思。他们很乐意回过头来看看走过的路，回顾工作效果，反思自己的工作得失。

如果有人问你：老师，你走上教师岗位之后的第一节课上得怎么样，还记得吗？说实在的，我对我的第一节课仍记忆犹新。我作为刚走上岗位的新老师，很想把第一节课上好，给自己的学生留下良好的第一印象。因此，我跟其他老师一样，非常认真地备好第一节课，备课后还认真做好了试讲。记得那时学校条件虽然较差，但学校仍发给每位老师一块小黑板。我对着挂在我宿舍墙壁上的小黑板练习板书，对着空气进行讲课、互动。一而再、再而三地进行试讲，讲得滚瓜烂熟、信心满满。终于，等来了第一节课的上课铃声。我充满自信地走上讲台开讲了！讲课过程很顺畅，自我感觉良好；我观察到下面听课的学生也集中精神认真听讲。由于课上得顺畅，更感觉时间过得很快，好像一下子下课铃就响了！我虽意犹未尽，但自我感觉不错：终于顺利上了第一节课！当我沾沾自喜走到教室门口时，碰到班里的一位学生，他是我的邻居。我把他叫到一边，问他："老师刚才这节课上得怎么样？"（大家应该知道，我问学生这句话期待得到什么样的答案。）没想到学生表情诡异地反问我："老师，你要我说真话还是假话？"我说："你就实话实说。"学生说："要我说真话，这节课我基本没听懂。"天啊！我不会听错吧？我再问一次，学生还是实实在在地说："这节课听不懂。"那时，我话虽没说出口，但心里在嘀咕：有可能这个学生是个案，应该是基础太差，其他同学应该会听得懂我的课。但不管自己怎么找理由，心里很不是滋味。为了验证事实，我随机在教室的走廊上再问班里的另外两个学生，那两个学生对我的问题，回答的口气虽然有点不一样，但感受是一样的：我讲的课他们听不懂！

俗话说：事不过三。我随机询问了三名学生，都说我讲的课他们听不懂。这就说明我的第一节课上砸了！我原来沾沾自喜的心情，一下子跌到了谷底。回到自己的办公室，长长地叹了一口气："哎！怎么会这样。"但是，叹完这口气后，可能出现两种不同的处事方式：一是"潇洒法"，一句"过去的事情就让它过去吧"，不再去追究"为什么"；另一种是"反思法"，对做过的事情进行反思，追问"为什么"，思考"怎么办"。我属于第二种类型的人，喜欢反思。

我想，我这么认真备课，课堂教学也很顺利；学生呢？上课时好像也在认真听课。为什么会出现意想不到的负面效果？通过思考，我认为：不外乎就是老师的"教"出现了问题，或者是学生的"学"出现了问题，当然也有可能双方都有问题。但我一下子在"教"这方面好像找不出什么具体问题，我就先从学生的"学"找原因。如果说我平时的课堂教学有点特色的话，其中一点就是教学过程不"墨守成规"。为了摸清情况，我在下一节课上课前做了这样一件事：把学生前面学过的基础知识进行梳理，并编制了一张小试卷（试卷的题目都是基础内容），第二节课进行课前小测验。课后，在批改同学们的试卷过程中，我终于找到了学生听不懂的真正原因：学生的知识基础实在太差了！我虽然曾估计山区、农村中学学生的知识底子比较薄，基础比较差，但没想到他们差到这种程度。这一事实说明我作为老师对学生的学情判断不准确，教学认知错位。由学生的这一实际情况，我再看看自己的备课本，又找出另外一个问题：我认为自己刚从大学毕业，在大学学了不少东西，讲课中有意无意地拓展了知识广度和深度。这一点，要引起新老师的共同注意。客观地讲，如果面对的是基础比较好的重点中学的学生，说不定还能得到他们的欢迎。因为在课堂上，他们可以学到更多的东西。但面对基础比较差的学生，本来要学好课本里的内容就已经有困难，老师在知识面上再拓宽、加深，就难怪他们都说听不懂了。更可叹的是，本来学生通过努力能学懂的书本里的那些最基础的知识，被我这么一搅，也都听不懂了，学不好了。

　　对于"听不懂"这个问题，我终于弄清楚了原因。但对于另一个问题，我还是有点不理解。我前面说过一个小细节：我上课时，观察到学生都集中精神在听课。所以我又很纳闷：学生听不懂为啥还能认真听课？为了解开这个谜，我又去了解：你们既然听不懂我的课，为什么还认真听课？学生的回答真令我哭笑不得："老师，您以为我们在认真听你的课呀？"我说："难道不是吗？"学生说："我们是在看你的人！"哎呀，学生这么一说，我就更纳闷了：怎么听课变成看人了呢？其实，后面想想也是可以理解的。因为这节课，是新学期的第一节化学课，又是一个新老师来上课。而且，我感觉，那个时候年轻的我还是挺帅气的！同学们多看几眼也正常。

四十多年前的这一往事，现在回忆起来还是挺有滋味的！

这一经历，给年轻的我提了个醒：教学跟其他工作一样，动机对，不一定效果就好。要想动机对，效果也好，一定要尊重实际、面对实际，这是其一。其二，工作要养成及时反思的好习惯：做得好的方面，通过反思，加深印象，不断积累，形成经验。这些经验可以指导自己以后做相同的事情时，做得好上再好。做得不好或有欠缺的事情，通过反思，及时找出原因，提醒自己以后不要犯相同的错误，并拿出措施，把原来做得不好的事情往好的方面转化。

在韩师工作过程中，我喜欢与大学生进行交流，探讨问题。我发现大学生思想开放、思维敏锐，提出的问题很直接，甚至有些尖刻。比如，曾经有一些学生问我：老师，怎样做一个聪明人、做一名聪明的老师？我说：这不是一个三言两语能说明白的话题。如果要用最简单的方式来表达，我认为：聪明人就是少犯重复性错误的人。现实告诉我们，人不可能不出差错，不犯错误。我认为，在工作中出差错、犯错误，都是小问题。然而，如果不把这些小问题当问题，那就有可能积累成大问题，解决起来难度就更大了。只要我们重视这些问题，提醒自己，不要犯重复性的错误，就能在解决问题中不断进步，工作、处事就能变得更加聪慧。

三、手中有书本

在一次中学教师继续教育培训的课堂上，我请老师们一起来看看这样一个题目：下面的表述属于什么教学模式？我先把这种教学模式的内涵展示出来：先读后教，精讲多练，当堂达标。然后我提问：老师们知道这种教学模式的名称吗？只有少部分老师能明确地说出这种教学模式的名称是"洋思教学模式"。

我再请老师们看看第二种教学模式的内容，同样只要求说出这种教学模式的名称。同样，也只有少部分老师能说出"翻转课堂教学模式"这名称。我第一次听到翻转课堂教学模式的时候，用通俗的语言表达了这种模式的特点：反了，反了！因为大家从这种模式的内涵就可以看出，真的是反了，反了：学生学习新知识在课外进行，课内变成一种探讨交流。和我们中国传统的教学模式相比，这些教学模式真的是转了一百八十度！但这些教学模式就是实实在在地出现在国际教学课堂上，当然，我们国内不少学校也对这些模式进行了尝试。潮汕地区也有不少老师在尝试这些模式，并取得了一定的成果。那我为什么把这两种模式在这里和大家交流呢？我觉得，对于新的教学模式不一定真的要跟着走，不一定要做得跟他人一模一样。因为各个地方、学校情况不一样，我们不能一味照搬，更不能东施效颦，但是应该了解人家走到哪里了。因为"洋思教学模式"和"翻转课堂教学模式"是国内和国际上相对比较认可、比较先进、比较值得尝试的教学模式。我们作为教师，是必须了解的。另外，是不是可以结合学校的实际做一些探索，也是值得思考和尝试的。特别是在实施 2022 年版新课标的背景下，我们更应该加强学习，做好教研，才能跟得上教育形势发展的步伐。

我一贯比较注重边工作边学习。因为学而不厌，才能教而不倦；学而有得，就能明确方向，吃到甜头。

我说个具体例子：有三本教学杂志，是我终生难忘的，在中学工作、大学工作期间，我都经常阅读这三本杂志，我把它们称为我的不会说话的老师。这三本杂志，一本叫《化学教育》，是北京师范大学主办的；一本叫《化学教学》，是华东师范大学主办的；一本叫《中学化学教学参考》，是陕西师范大学主办的。其实，中学的各门学科，不论是文科还是理科，也同样有类似的教学杂志。我觉得这些杂志办得很好。因为这些杂志的文章多数来自一线教师的教学实践经验。假如教师有时间看一看这些杂志，就可以学到很多有启发性、实用性的内容。更重要的是，会使你觉得：同样是老师，为什么人家就能想到、做到？为什么我就没想到，更没有做到呢？假如你看了一篇文章就有这样的启发了，那么看了两本、三本呢？你肯定在理念层面、方法的学习上就上了一个新台阶，会有茅塞顿开、豁然开朗的感觉。

其实，我们要做好一件事，仅凭热情和刻苦还是不够的，不光要明确方向，更要讲究方法。那么，方向和方法从哪里来呢？除了向同事、朋友学习之外，向书本学习也是非常实在的路径。所以，我建议，中小学要多订阅一些教育类杂志，为老师们的业余学习提供良好的学习园地。我建议老师们要养成阅读教育杂志的好习惯，不一定每本杂志、每篇文章都精读细读，但是我建议大家要有阅读的连贯性。比如，你选出其中的一本坚持读，肯定有效果。我刚开始工作的那一年一个月的工资是 40 元，用于订阅刚才讲的这三本杂志，一个月费用约 1.5 元。我记得有一位同事，他知道我每月都订阅这三本杂志后对我说：有这必要吗？那时，我笑笑没回答。我现在回过头想想，在山区农村，在那时信息条件又很差的情况下，没有这些书籍指明方向，我自己是很难闯出新路子来的。

对于教师来说，书海茫茫，究竟要怎样开展再学习？在韩师举办建校一百周年庆典的时候，学校请科学院院士、复旦大学前校长杨福家教授作为嘉宾，给部分师生开了一个讲座。我印象之中，杨教授在讲座上分享了五个观点。其中两个观点我印象比较深刻，第一个观点是：我旗帜鲜明地反对中学过早地文理分科；第二个观点是：在学校也好，在社会也好，要培养创新型人才。他认为创新型人才必须具备两大要素。我记得杨教授有意留了一个时间段，好像要先让我们下面的听众思考。假如要让你来回答，你认为创新型人才应该具备哪两大要素呢？

杨教授说：创新型人才，第一要具备质疑的精神；第二个要文理兼容。杨教授本身是读物理的，研究的是核物理学。为什么一个理科的老师，一个研究核物理学的科学家，把两个要素的其中一个定格在文理兼容上呢？我感觉这肯定是他学习、工作和研究上的深刻体会。我思考了杨教授的讲话精神后，给老师们提出一个建议：如果你是文科老师，平时可以多看一些理科的书，比如科普读物。假如你的课涉及自然科学方面的内容，你在讲解的时候就有充足的素材，游刃有余。理科的老师也要多阅读一些文史哲方面的书，开拓知识面。文理兼容应该引起大家的重视。

特别是现在实施 2022 年版的新课标，课标要求用 10% 的课时开展跨学科教学活动，这就要求教师要有更开阔的知识面，要有更深厚的文化素养。

至于教师怎样读书，我认为要因人而异。俄国图书学家、作家鲁巴金的一句话，对我们读好书很有启发性。他说：读书是在别人思想的帮助下，建立起自己新的思想。这句话，我认为讲了两个层面的意思：一个层面叫基础读书，知道书的故事情节，或者知道书讲的思想或观点，这是读书的第一步。但仅仅知道这本书在说什么还远远不够。要体现出读书的真正价值，就要进入读书的第二个层面，即要联系自己的实际，通过自己的工作、生活和思考来形成自己的新思想，这才是学以致用。就像我刚刚讲到的那两种教学模式，你说它新，我们读了，知道它确实有新理念、新方法，跟我们平时课堂上的教学方法比起来确实有许多的不一样。怎么办呢？一味东施效颦，按着他人的做法去做，不尴尬才怪。我们必须要联系教学的实际、联系学生的实际，做适当的改进或渗透，把人家好的方法有选择地用于自己的教学实践，推陈出新，有所长进。

　　下面介绍一些书给老师们参考。

　　第一本是《孔子是个好老师》（中央编译出版社）。对于孔子，老师们并不陌生，他是我国古代春秋末期伟大的思想家、教育家，儒家学派的创始人。孔子在其教育活动和实践中所创立的教育思想，不仅奠定了中国古代教育的理论基础，而且对当今教育也具有重要影响和启示作用。比如因材施教、学思结合、学以致用、师生互动以及启发式教学方法等。《孔子是个好老师》之中的"与学习恋爱一生""孔门教人做君子""夫子的表扬、批评与调侃""带着学生去游学"以及"孔子给我们的当代启示"等章节，内容丰富，耐人寻味，很有借鉴性和指导意义。

　　第二套是"教育智慧"丛书（中国教师核心素养提升丛书，石油工业出版社）。丛书共六册，分别为《教育智慧》《情感故事》《励志故事》《哲理故事》《职场故事》《创新故事》。该套丛书从提高教师核心素养入手，力求在心灵情感、哲理智慧、教育艺术等方面，对教师进行由表及里、层层深入的滋养和浇灌，并希望借此培育出一批彰显人格魅力的知名教师和教育专家。我阅读后觉得，这套丛书对我们普通教师教育素养的提高很有帮助。特别在当今怎样培养学生的核心素养方面，也有较强的现实指导意义。

第三本书是《多彩合作课堂》（福建教育出版社）。我们知道，合作学习是现行课堂教学常用的一种学习模式，对学生长远发展有深刻的意义。该书对我们更好地开展合作教学，优化课堂模式有很强的借鉴作用。

第四本书是《快乐教学：如何让学生积极与你互动》（中国青年出版社）。该书为活跃课堂教学提供了很多可以参考的范式，这些范式有较强的可操作性。

第五本书是《做最好的班主任》（漓江出版社）。这本书是班主任工作的好帮手，有较强的实用价值。

第六本书是《优秀教师成长之路》（暨南大学出版社）。这是我编著的第一本书。为什么写这本书呢？源于两个交代。第一是自己对自己的交代，毕竟当了一辈子教师，成功与失败，经验与教训，应该做个总结，给自己一个交代。第二，我是千千万万教师大家庭中的一分子。我的工作、生活体会，与大家分享交流，更显真实和真情。这本书的出版，韩师给予大力支持，校长林伦伦教授还亲自为我这本书作序——《努力做一名让学生和家长满意的教师》。这本书出版之后，我赠书给韩师图书馆，我工作过的学校及同事、亲友，希望对老师们有所启发和帮助。同时，请大家给我提宝贵意见，供以后修改之用。

四、工作有心思

我觉得一个有能力的老师，一定是一个有心思、有眼力的人，能够从别人看不到的地方发现问题，从别人想不到的地方找到问题，并拿出解决问题的好办法。我接触过不少好老师，他们都有这样一个共同点。

下面讲一个小故事来说明我这个观点。有一个我在凤凰中学教过的学生，他现在是一所中学的校长。有一次，他问我："老师，你曾经在我的作业本上写了一句话，还记得写了什么吗？"我说："那么多年过去了，我教了那么多学生，批改了那么多作业，写了那么多评语，我怎么还能记得在你的作业本上写了什么话呢？"但是这位学生说："我来提个头，老师你或许能想得起来。"我说："你试试看。"他说我曾经在他的作业本上写了"你的错就错在……"，后面没有下文了。学生这么一说，真引起我的回忆。我说，好像那个时候你在这句话的后面补上了这句话"不该错的错"。师生之间相视而笑。为什么会想起这样的一个小故事呢？原来是这样，这个学生，他确实挺聪明的。平时，作业里的大题、难题、怪题，对他来说，好像都不成问题。他问题在哪里呢？就是粗心！经常在加减乘除这些简单运算中出差错。我批改了他几次作业后，就感觉应提醒他了。那时，他又没在我跟前，我就在他的作业本上写上"你的错就错在……"。本来，我是想把原因说清楚的，但我想想又觉得高中生应该有思考、自我判断能力了，让学生自己检查、自己总结更有效果。这个学生也真的很有意思，他看到我批改的作业后，就把前面已经批改过的作业一页一页翻回来看，发现老师打红叉的地方都是基本运算，都是低级错误，所以他就补上了一句"不该错的错"。我觉得当老师的有滋有味就是从这些小事中体现出来的。

我当初教他的是化学，他后来学的是物理。现在他当了校长，我估计我教的化学他可能忘得差不多了，但是我曾经在他作业本上写的这一句话，他到现在还记得这么清楚。而且他一提起，我作为老师还想得起来，真有意思。他还跟我说，他现在作为校长，在教师会议谈到教学问题，特别是作业批改的艺术和技巧的时候，还经常用这个过去的例子，引导教师改进作业批改方法，提高作业批改质量。我相信，我们教师群体中，有很多有心思、有眼力的老师，肯定有许多更有意思、更加精彩的案例。我建议，在平时的教研活动中，加强交流、取长补短，就能共同提高。思考出智慧，交流出成果，说的就是这个道理。

五、生活有色彩

幸福的教师绝不能把工作当作人生的唯一和生活的全部。我不提倡教师做一个"工作狂"，这是苦行僧的生活，偏离了人的本性，也背离了马克思列宁主义的观点："不懂得休息的人就不会工作。"

我感觉要做个有滋有味的老师，一定要把生活打理好。有人把老师比喻为园丁，我认可，因为教师确实像园丁一样辛苦，一心一意培育小苗苗壮成长。有人把教师比喻为蜡烛，我不太赞同。因为蜡烛虽然有精神之光，却无生命之源，燃着燃着就灰飞烟灭，太悲情了。我倒觉得，教师更像一棵树，看着学生像小草、小树一样成长，同时自己也在不断成长，他有自己的生命力、有自己的价值观、有自己的幸福感。无论我们工作有多忙，我们都要善于忙里偷闲，做些有益于我们自己身心健康的事。我给大学生讲课的时候，经常要求他们在大学期间一定要在文艺和体育两方面学点本领，至少要各学会一种基本技能，能参与大众文娱体育活动，这对于以后当教师很有益处。课余可以跟学生、朋友一起活动，这不仅仅有益于身心健康，对开展工作、凝聚朋友也很有好处。我自己不仅这样说，也是这样做的。

我自己特别喜欢文体活动，如打乒乓球、游泳；我还学弹钢琴、练书法。作为一名教师，我坚持练好基本功。我认为，作为教师，字都写得不规范、不像样，那是说不过去的。我现在每天只要有空，就练练字；学楷书，中规中矩；学行书，流畅有美感；学草书，更能品出味道。我经常对师范生说，以后你们要成为教师，现在就要把字练好。写好字既是教师形象和工作的需要，也是给学生做正面示范。

我在中学工作时，有一个实例，可以说明作为教师写好字的重要性。我记得有一次学校下课铃响了，一位语文老师领着一个男生走进教师办公室，啪的一声就把一本作业本摔在桌面上，那位老师气呼呼地对着那名学生说："你自己看看，你写在作业本上的字像字吗？你这样做像个学生的样子吗？"老师在批评学生的过程中，那个学生安静地听着，没有插嘴，更没有顶嘴。但当老师批评完了，他对老师说："老师，我的字确实写得不好，很潦草。但，老师，我感觉你给我们上课的时候，你的板书也写得不怎么样啊！"听学生这么一说，那位老师气上加气，一时铁青着脸说不出话来。这时，办公室的其他老师也觉得有点尴尬。我不敢说学生在这种场合说老师的做法是对的，但客观地讲，学生说那位老师的字写得不怎么样倒是真实的。那位老师是教语文的，我听过他的课，他的板书确实太过一般。

由此例子可见，作为教师要批评学生、教育学生确实要有底气。要求学生做到的、做好的，我们教师要带头做到、做好。这是教师素养的基本要求，是做好教书育人工作的基本保证。我认为"学高为师，德高为范"说的就是这个道理。

最后，我想用"达观"两个字与大家共勉。我认为做人做事，包括我们做老师的，应该豁达乐观。我身尚未能至，但心向往之。让我们携手，一起在新时代未来的教育征途上，以豁达的胸怀和乐观的心态，努力做一名心中有理想、身上有热情、手中有书本、工作有心思、生活有色彩的有滋有味的好老师。

中 编

我的教育思考及教研成果：

全面育人　精致育人

一、我的教育思考

韩愈是唐代杰出的文学家、思想家、政治家，是我敬仰的古代伟人之一。我经常推荐老师们学习韩愈的文章，特别是《师说》——"师者，所以传道受业解惑也"。我经历了漫长的教师生涯，回过头来领会这些文字的时候，就会感觉韩愈对"师者"的解读特别精妙。每每思考这些文字的时候，我对老子、孔子、韩愈等这些伟人的敬佩之情就油然而生。

从韩愈《进学解》"业精于勤，荒于嬉；行成于思，毁于随"中我感悟到，业有所精，行有所成，都离不开思考，思考出智慧。思考会使人拨开迷雾，走出困境；思考会使人对前路的方向更加明晰，事情会做得更好。

不同的阶段会有不同的思考。当我临近退休的时候，经常在思考：自己四十多年的教育生涯，究竟能为教师的大家庭留下什么？为教育的传承做点什么？有哪些体会可以与老师们分享？有哪些教训可以使老师们引以为戒？在思考的过程中，刚好有一件事，使我变思考为行动。2014 年，澄海区东里三中林校长邀请我为老师们开个讲座，并建议我讲这样一个主题：教师的价值观和幸福感。我认为这是与老师们交流思想的好机会。在讲座中我谈了自己对教育的体会、思考和感想。这次讲座在老师们中引起较大的反响。讲座后，校方认真组织老师们进行了专题讨论，并要求每一位老师写一份听后感。其中一位郑老师写了下面的文章，我拿来与大家一起分享。

三部曲

——听文老师演讲有感

郑曙丹

题记：耕耘心田，播种幸福，聆听智者的教诲，胜读十年书。

第一部：疑。

我觉得幸福的字眼很难与教师这一职业联系在一起，我更不敢相信，聆听一次演讲，会让我们的幸福指数上升多少。可是，当演讲者文老师微笑着走上讲台，用他亲切的话语娓娓道来，把他32年的从教经验毫无保留地与我们分享，我的怀疑开始有了动摇。文老师睿智的微笑、智慧的思辨、机智的处事、达观的人生态度让人折服，聆听这样精彩的演讲，我用怀疑堆砌成的堡垒刹那被击毁。

第二部：半信半疑。

那是怎样一趟丰富的精神之旅？一个多钟头的时光，文老师从五个方面谈了他的幸福感，我一字一句，把他说的每一句话都记录下来。也许，我还是半信半疑。毕竟，他们那一代人探索的从教之路，与我们这一代人要走的路还是有很大的不同。假如，他们是从艰苦走向幸福，用达观去诠释幸福。那么，我们这一代教者，更像是戴着镣铐舞蹈，在冷漠的大地上寻找春暖花开。我跟文老师一样，相信理想，相信热情，相信终生读书，相信工作应该有心思，相信生活应有色彩。只是，前人的经验，是前人的探索，我们应该有不同的路，正如凤凰之涅槃，九死一生而不悔！

第三部：信。

演讲最后，我们一次又一次以热烈的掌声答谢文老师的演讲。我发现同行们没有疲惫的神色，尽管天色已晚，有些人回家之路迢迢。我也倾听到更多来自心海的消息。我们的同事，分享了自己做老师的幸福感受：一句来自学生的真诚话语，一份学生对老师表达感谢的小礼物，都让老师心中涌起阵阵暖流。是啊，幸福是暖，是那些最真切的平凡琐事。我又忆起来到新学校两个多月的经历，就像电影镜头回放，每一次回眸都有无言的感动。文老师的话语，是催人向上的鞭策，负重前行，只因梦想就在远方；相信未来，不仅仅是诗人用天真的话语在雪花上写下的誓言。

我真不敢说我的讲座内容水平有多高，我更不敢认为自己是位智者，我只不过实实在在地把我的经历、思考和感想说出来与同行交流，没想到引起老师们那么大的思想共鸣。由此，我萌发了敞开思想，大家共同交流和探讨的想法，这对工作、对教师自己的成长都有好处。

《优秀教师成长之路》这本书的编写就是在这样的背景之下展开的。该书分为"基础篇""起步篇""成长篇""策略篇""幸福篇"，以渐进方式描述教师成长的基本轨迹，重点阐述教师的基本要求、成长要素、策略原则，以及怎样由一名合格教师成长为优秀教师的基本路径，旨在为师范生和中小学教师提供可资借鉴的案例。至于是否能达到预期设想，这应该是读者说了才算。谈到书的实用价值，我很自然想起一件往事：那是 2011 年，我带韩山师范学院化学系的实习生到潮安县松昌中学实习，其间有机会与同学们一起到潮安县六联小学拜访了丁有宽老师（全国特级教师，"读写结合法"小学语文教材主编），聆听了丁老师长达两个多钟头的教育、教学经验的介绍。丁老师在讲话结束前说了下面一段话，我记忆犹新。他说："我下午谈了两个多钟头的感受，其中如果有一两句话，或一两个事例对大家有启发、有帮助，我就非常高兴了。"老先生一句谦虚的话语，引发了我们一阵热烈的掌声。由此我想，这本书能有一丁半点对读者有启发、有帮助，我也就很满足了。故此，2016 年我在暨南大学出版社出版了《优秀教师成长之路》一书。有兴趣的老师可以找这本书看看。

二、我的专题研究与论文

从 1992 年调入韩山师范学院工作后，我很明显地感觉到大学教师承担教育、教学研究的任务更重了、要求更高了。由此，在做好教学工作和管理工作的同时，我跟课题研究的同事们一起主动申请科研、教研课题，深入第一线开展调研工作。特别是到中小学校进行实地参观、考察，取得第一手资料，再通过数据整理、对比分析、联系实际、综合思考，对教育的现状、问题和对策提出见解和建议，旨在通过团队的努力，推动教育、教学工作的深化、优化和创新。下面把我和团队的研究成果，即公开发表的论文分享于下，请读者朋友们指导、斧正。需要说明的是，收于本书的几篇论文与最初发表时相比，在标题或内容上有所改动，图书编校人员也做了许多编辑加工，在此表示诚挚的感谢。

地方高校教师专业发展的策略研究

——基于教学学术的视角

文剑辉

　　地方高等院校是我国大学的主体。据统计，我国目前共有 2 400 多所大学，其中包括 755 所普通本科院校，除 100 多所由中央部委直接管理，还有 646 所属于地方本科院校，占本科院校总数的 85%。[1] 因此，地方高校的发展水平在很大程度上决定了我国高等教育的发展水平。高校教师是高校发展的中坚力量，只有不断提升高校教师的专业水平，才能促进地方高校科研水平、教学水平的提升。地方高校教师专业发展也就成为地方高校建设的核心内容之一。本文分析了当前我国地方高校教师专业发展存在的突出问题，剖析其原因，并从教学学术的角度，提出了地方高校教师专业发展的若干有效策略。

一、当前我国地方高校教师专业发展存在的突出问题

　　教师的专业发展，简单而言，通常包括教师的思想修养、教育教学理念、知识体系、科研能力、教学水平等几个重要方面。当前地方高校教师的专业发展，笔者认为存在极端化、不均衡、缺乏内驱力等突出问题。

　　极端化，即教师的专业发展存在着重科研轻教学的倾向。当前大学的学术评价标准过于重视科研。通常是以项目、论文为评价的硬性指标，特别是地方高校，由于科学研究基础相对重点大学薄弱，更加重视教师在科研工作上的投入与产出，对教师科研的要求更加迫切，这种带有强制性的评价导向，无形中将教师的专业发展方向往科研端引导。在很多教师看来，自身的专业发展就是努力提高自己的科学研究能力，而教学能力的发展属于中小学老师专业发展的范畴，大学教师谈教学能力发展只是一种"伪发展"而已，得不到重视。这种情况不仅在地方高校存在，在重点高校也普遍存在。曾在网上火爆流传的四川大学教授周鼎的"自白书"，就说明了这个问题。"一个相信讲好一门课比写好一篇论文更重要的人，今夜死去了。他早该死了。"无奈的呐喊却一语道破了当前高校教师发展的

现状：申报一个课题、发表一篇论文远比讲好一节课重要，教学成了高校的副业。

不均衡，表现在两个方面：一是中青年教师的专业发展与经验型教师专业发展的不均衡；二是高层次人才的发展与普通教师的专业发展不均衡。地方高等院校，除了一些历史悠久的师范院校，大多数是新建本科院校。这些学校的主力是广大的中青年教师，他们学历层次较高，但缺乏教学经验；还有一部分是外聘或者退休返聘的经验型教师，在以科研为导向的专业发展模式下，中青年教师从事科研工作、提升专业能力、晋升专业职称的积极性高，而经验型教师明显缺乏发展的内在动力。另外，由于地方高校缺乏高学历、高层次人才，因此不仅在人才的引进待遇上予以重视，更在人才引进后给予优越的发展条件。这类人才的专业发展如鱼得水，而普通教师的专业发展却没有得到相当足够的重视，这也在一定程度上打击了普通教师发展的积极性，甚至造成内部矛盾。

缺乏内驱力，集中表现在教师专业发展过程中的职业倦怠问题上。地方高校的办学条件、办学资源与高水平重点大学相比明显薄弱，无论在教师团队、科研配套设施、办学机制体系、政策支持力度等都处于劣势，因此，地方高校教师的专业发展面临着诸多困难和条件制约，特别体现在科研项目的申报命中率不高、参与高水平研究和高层次对外交流的机会缺乏、教师团队协同发展的效能低下、缺乏高水平教师的引导等几个方面。很多中青年教师努力工作，却没办法取得预期的成果，学校又缺乏其他激励措施，久而久之，教师的工作积极性、主动性和创造性都受到打击，或多或少产生了职业倦怠，对科学研究工作失去了兴趣和耐心，对教学工作更是马虎应付，教师专业发展举步维艰。

显然，地方高校教师专业发展的问题已经在很大程度上影响到地方高校的改革与发展，因此，寻求适合地方高校教师专业发展的道路，是一个值得深思、亟待解决的问题。

二、教学学术视野下的地方高校教师专业发展

（一）何谓教学学术

教学学术起源于20世纪80年代的美国，当时是为了解决美国大学过

于重视科研，忽视教学质量，造成大学教学及人才培养质量滑坡的问题。1990 年，时任卡内基教学促进基金会主席博耶（Boyer）创造性提出了"教学学术"的概念，他在《学术水平反思：教授工作的重点领域》中指出，学术系统须改变传统的认知，应包括四种不同层面的学术：发现的学术（discovery）、综合的学术（integration）、应用的学术（application）、教学的学术（teaching）。其中，发现的学术是指对新知识的发现，高级发现的学术水平不仅有助于知识的积累，也有助于在学校中形成创造智力的气氛；综合的学术是指建立在各个学科之间的联系，把专业知识放在更大的背景中考察，也意味着把自己或别人的研究综合到更大的智力模式中去鉴别；应用的学术不仅仅反映知识的发现与综合（科研成果的应用），还包括知识的运用（知识在实践中的应用）；教学的学术是教育和培养未来的学者，是指教师采用恰当的教学方法将自己已有和发现的知识通过教学活动传给每一个希望学习这些知识的人的过程。在一个高品质的教学过程中，教师不仅仅进行单项的知识传播，也在进行着学习和创造性发展。[2]

（二）教学学术的意义及其现实困境

教学学术思想的提出具有十分重大的意义，它进一步拓宽了学术的视域，深化了学术的含义。在博耶的学术视野中，教学和科研不再是矛盾甚至对立的两个概念，而是属于不同层面的学术范畴，这对于提升大学教学的地位具有十分重要的意义。因此，随着教学学术的提出，教学学术运动在美国得到了广泛的认同和推广，不论在理论研究上、模型的建构上还是在项目的实施上都取得了良好的效果，这也促使教学学术得到了世界上其他国家的借鉴。在我国，也有一些学者开始研究教学学术理论和实践问题。但由于我国的大学分类体系、人才培养体系、大学教师评价体系没有进行突破性的改革，因此，教学学术的推行形成了"雷声大雨点小"的局面，存在着几个局限：一是教学学术运动尚未得到各类大学的普遍接受和积极推行，虽然大家都把教学工作作为学校的中心工作，但受制于以科研成果为指标的评价体系，教学学术研究的地位亟待进一步提高；二是尚未建立起被广泛认可的教学学术成果表现形式和成果评价方式，使很多人对教学学术的发展产生了怀疑的态度；三是教学学术对教师专业发展的作用和意义在现行的教师发展一元化背景下无法得到呈现，使人们对教学学术产生"徒有其表、华而不实"的看法。因此，如何从机制体制上给予教学学术更大的发展空间，是教学学术运动的关键所在。

（三）地方高校提倡教学学术的现实意义

2015年10月，教育部、国家发展改革委、财政部联合发布了《关于引导部分地方普通本科高校向应用型转变的指导意见》，启动地方本科高校向应用技术型转型试点。这次改革意义是重大的，将使我国的大学体系发生深刻变化，即形成"研究型高校、应用技术型高校、高等职业学校"一分为三的格局。结合这次改革，高校的办学指导思想、人才培养体系也随之发生相应的改革，应用技术型人才的培养将成为重点。与之相对的，教师评价体系、教师发展模式也将发生变革，教学将真正成为大学的重点，教学学术的推行将具有实质性的基础。在这一具有历史意义的转型时期，提倡和强化教学学术，促进地方高校教师教学学术水平的提升，具有重要的现实意义。

1. 强化教学学术有利于地方高等院校回归办学本源，进一步巩固和提升教学中心地位

地方大学，按照其定位，是除了"985""211"等重点大学之外的非研究型大学，其办学的主要目标应当是为地方经济社会发展培养高素质应用型人才。然而，长期以来大学办学标准的过分统一，使地方高校将向综合性大学发展定位为唯一发展目标，造成目前高校的同质化发展。一些地方高校把纯科学研究放在突出的位置，盲目向研究型大学看齐，盲目攀比研究型大学，忽视了教学及教学学术本位，由于找不准定位、好高骛远，造成科研水平上不去、教学水平下降等问题。国家鼓励地方高校向应用技术型大学转型，进一步明确了地方高校培养应用型人才的办学定位。相对于纯学术型人才，应用技术型人才不但需要扎实的理论知识，还必须有良好的实践能力。因此，高质量的教学和高素质的教师，对于应用型人才的培养至关重要。加强教学学术，有助于地方高校进一步巩固和提升教学的中心地位，重视教师教育教学水平的提升，从而促进教师教学学术的研究和发展，提高本科教学质量。

2. 强化教学学术有助于厘清教学与科研之间的关系

长期以来，教学与科研的关系一直是制约高校内部管理的关键问题。作为高校四大职能之一，科学研究这一职能凸显了高校办学的前沿性、科学性。地方高校向应用技术型转型，一方面，促使地方高校的科学研究更加"接地气"，更加重视科研成果的转化和应用，这与高水平大学"高、尖、大"的科学研究实现了错位发展，有利于地方高校科学研究水平的提升；另一方面，强化教学学术，可促进另一种科学研究的发展。从应用型人才培养的过程来看，教学不单纯是现有知识的传播，而是教师在对现有知识进行融会贯通的内化后，针对学生的特点，进行有针对性的教学，并在这一过程中不断地反思、更新和完善教学内容、教学方法、教学模式。这个过程实际上是对人才培养各个环节的研究和实践过程，其成果所展示的是教学学术研究的综合性。因此，教学学术从这个层面上看，也是一种发现的学术、应用的学术、综合的学术，教学活动本身实际上也是科研的另一种表现形式。强化教学学术，是地方高校加强科学研究的另一个层面，从某种意义上讲，是对于发挥学校办学特色、服务地方更加有效的一种科学研究。所以，地方高校应坚持"教学与科研并重、教学与科研相统一"的理念，提升教学学术的地位。只有这样，教学和科研才能互促互进、相得益彰。

3. 强化教学学术有利于促进教师的多元化发展

长期以来统一的教师评价标准已经严重制约了教师的专业发展，科研成果在评价中占据主体地位，成为很多地方高校教师的重压，也使地方高校的教学工作得不到重视和发展。博耶指出，"教学作为一门学术性的事业，只有当教师沉浸在自己专业领域的知识之中，广泛涉猎并在智力上不断深化，教学才能得到好评"。教学学术理论的提出，奠定了高校教学专业化的地位，对高校重新审视自身职能以及教育教学的地位具有重要意义。大学必须重视教学、大学教师必须研究教学成为高教界的共识。因此，教学也理应成为地方高校教师的评价指标，根据科研、教学指标的侧重，可将地方高校教师大致分为研究型教师和教学研究型教师两大类。在这里，教学研究型教师不等同于习惯意义上的教学型教师，两者的最大区别就在于，后者充其量只是一个熟练的"教书匠"；而前者能够在教育领域中积极主动地反思自己的教育行为，及时发现教育教学工作中出现的问题，并针对问题积极探索研究，主动吸收教育科学理论和同行的经验，从而提出新的切实可行的改进方法，不断改进教育教学工作，其终极发展目标是教育家。教学研究型教师的提出，在教师评价、职称晋升上，给地方高校教师增加了一种可选择的途径，也促进了教师人尽其能，有利于教师的多元化发展，这是符合现代人才发展趋势的。

三、基于教学学术的地方高校教师专业发展策略

结合地方高校转型发展以及地方高校教师的特点，以教学学术为理论支撑，通过学校、制度和文化的层面，为教师教学学术研究和实践创造良好的条件，是促进地方高校教师专业发展的有效途径。

（一）学校层面：回归教学本位

地方高校应结合向应用技术型大学转型的契机，进一步回归教学本位，给教师教学学术的提升提供有力的支撑。

第一，要加强教学学术的顶层设计。地方高校应充分认识到强化教学学术，对教师专业发展、加强教学工作中心地位、提高教学质量的重要作用。从学校层面制定有利于促进教师开展教学学术活动的规章制度，特别是加大对教学质量工程的支撑力度，从项目经费、项目管理、项目保障等给教师开展教学学术研究提供良好的支撑。

第二，要营造良好的教学学术环境。地方高校要通过媒体宣传、会议发动、表彰奖励等多种途径，营造尊师重教、支持教学学术的氛围，特别是管理部门要坚持"为教学服务、为教师服务"的理念，重视跟教学活动相关的一切事项，充分调动广大教师开展教学研究、从事教学活动的主动性、积极性和创造性，提升广大教师对教学工作的荣誉感、责任感和归属感，使教学工作在教师心目中处于和科研工作同等重要的地位。

第三，要加强教学学术队伍的建设。地方高校不但要重视科研团队的引进和建设力度，更要重视和加强教学团队的建设。一方面是要加强优秀教师的培养，发挥他们在传、帮、带方面的积极性和作用，可以通过设立"优秀教师奖"、参照学科带头人设立"教学团队带头人"制度，使学校具

有丰富教学经验又具有较强教学研究能力的优秀教师成为带动学校教学学术发展的中坚力量；另一方面，要重视广大中青年教师教育教学能力和研究水平的培养，可通过建立教师发展中心，作为教师专业发展的专业机构，整合学校相关资源，服务中青年教师的专业成长，将培训、评价、纠错、咨询、服务、交流等功能融为一体，服务和促进教师的专业发展，进而提升教学质量。这是解决地方高校教师发展极端化和不均衡问题的有效办法。

（二）制度层面：建立完善有利于教学学术发展的制度体系

如果说学校层面回归教学本位，为教学学术的发展奠定基础，那么建立完善有利于教学学术发展的制度体系，则是确保教学学术研究与实践得以有效开展的保障。笔者认为，这一制度体系至少应包括三个部分：教学学术常态化体系、发展性学术评价体系、教学保障及教学能力提升体系。

第一，建立教学学术常态化体系，即是要建立有利于教师开展教学学术活动的平台和机制，促使教学学术活动落到实处。在这个体系中，可包括基层教研室、教学团队和教师专业发展共同体等几个载体。

（1）基层教研室，是大学开展教育教学活动和研究、实施教育教学管理的最基本单位。顾名思义，它是教学和研究的集合体，可以按照学科、专业乃至课程进行设置。对于具有相同教学、研究方向的教师而言，它是一个十分有效的交流、沟通和发展平台。因此，地方高校应制定完善的基层教研室建设管理制度，落实责任制，充分发挥教研室的功能。

（2）教学团队，是以一些知识技能互补而又相互协作、共同承担责任的教师为主体，以教学改革项目为推动，以专业建设、课程建设为重点，以提高教师教学水平、提高教育质量为目标而组成的一种创新型的教学组织形式。教学团队相对于教研室而言，是更为专业、更加具有引领性的教学学术组织，它不同于教研室具有行政组织的意味，而是一种融合教学与研究的自治型组织。教学团队的显著特点是：团队成员具有科学的年龄、学历、职称和能力层次，成员间具有共同的目标愿景，团队内部资源共享度高，团队成员能够优势互补、紧密合作。这样的教学学术组织更有利于发挥教师的学术潜力，激发教师在学科建设、专业建设、课程建设以及教学改革中的积极性，从而提高教学质量，促进专业发展。

（3）教师专业发展共同体，在这一体系中处于最高层次，它是由教师自愿组织、自动发起的学习型组织。它与以上两个组织不同的地方在于，参与组织的教师完全不受到行政的规约，而是基于共同的发展愿景而自发形成的。因此，教师在这一组织中更具有发展的积极性、主动性、协作性和创造性，教学学术研究的效果以及成果的分享更加有效。美国斯坦福大学教授迈克劳林（McLaughlin）对教师专业发展共同体进行了研究，指出专业发展共同体可以支持和帮助教师改进和完善自身的教学实践，帮助他们解决由于学校的改革和变化而出现的危机感和不确定感，使教师去应对变化的环境和新的挑战，从而为学校走向成功提供了适宜的组织与精神资源。[3]这也说明，在教师专业发展共同体的支撑下，整个学校教学学术的发展、教学水平的提升将更加顺畅而有效。

第二，建立发展性学术评价体系。"学术评价制度是指对学术人或学术机构的学术成果、学术项目、学术影响等进行价值判断和评价的方法、原则、程序等规则的总称。"一方面，学术评价制度是大学教师可持续发展的重要路径，也是大学教师专业化发展和完善大学教师师资队伍建设的重要途径。[4]在教学学术视野下，地方高校教师的学术评价应转变单纯以科研成果为指标评价，构建科研业绩与教学成果并重、外界评价和自我评价相结合的发展性学术评价体系。学校应建立对教师教学效果、教学能力、教学研究的评价指标体系，在逐步规范教学学术评价的同时，针对教学学术成果变现形式多样化的特点，建立量化评价与质性评价相结合的模式，使教学学术的评价更加科学、客观、合理。另一方面，教学学术不同于一般的学术，教学学术的成果更多依赖于教师对自身教学活动的反思性实践。因此，教学学术的评价不应当是仅仅局限于外界评价，而应当同时注重教师对自我教学学术研究的评价，关注教师自我与过程的发展。发展性教师评价能够让教师更专注于教学研究，是教师自主发展的保障，也是教师进行教学研究的保证。对应于学术评价指标体系的改革，教师的职称评聘工作也应相应进行改革，除了传统的科研型教师系列，还应增加教学科研型、教学型教师等系列，更好地调动教师的教学积极性，提高教学水平，同时也适应不同教师的特点，促进教师的多元化发展，这是提升教师专业发展内驱力的有效途径。目前，江西、湖北等省份的部分高校已经开始尝试教学型教授的评审，这应该说是促进教学学术发展的一个趋势。

第三，建立教学保障及教学能力提升体系。教学学术的有效提升，离不开教学质量的有效监控。但是，监控并不单单是为了规范教师的教学行为，更是为了促进和提升教师的教学水平。笔者认为，一套科学合理的教学保障与教学能力提升体系，应包括以下几个系统：教学组织决策系统、教学质量保障系统、教学质量监控系统和教学质量激励系统。教学组织决策系统在四个系统中起到统领作用，主要是制定审议与教学质量相关的政策和各种教学管理规章制度，全面掌握人才培养全过程中各环节实施状况，对学校教学质量方面存在的问题、重大的方针政策等做出决策，具体指挥各专业不断优化教学过程，保证学校的教学教育质量。教学质量保障系统，主要是不断完善教学管理规章制度和各主要教学环节质量标准，给教学质量提供完善科学的制度保障。教学质量监控体系，主要是由信息收集、教学评价、信息反馈等模块组成，在教学管理者、教师和学生之间构建一个教学质量监控的回路，让教师及时了解自身教学存在的问题，结合自己的反思，促进教学水平的提升。教学质量激励系统，主要包括奖励机制和惩罚机制两大块，通过奖优惩劣的方式，促进教学水平的提升。每一个系统和视角都有不同的监控面和侧重点，同时又相互关联，实现了对教学质量全过程、全方位、多渠道、多形式的监测、反馈等动态管理。有别于以往过于强调规范性的系统，这种系统既注重对教师教学行为的监控，又注重为系统中的各方搭建沟通交流的平台，并有一定的激励机制，使监控保障系统更具人本化和发展性。

（三）文化层面：构建有利于教学学术的生态环境

大学教师的专业发展，不是个体的单打独斗，而是融汇在整个学校教师群体的发展。更确切地说，大学教师教学学术的发展，应当融入整个学校的学术生态中。所谓学术生态，是指一个相对稳定的系统，在整个系统中，生命有机体之间的大多数关系基本上是合作关系，表现为相互共存和相互依赖，以及不同程度的共生。尽管存在竞争，但是通常是发生在更大的合作背景之下，所以整个大的系统才能保持平衡。[5]从教学学术的生成机制上看，教师教学学术的发展是在已有教学学术成果的基础上，选择合适的教学模式、教学方式和教学手段，开展教学活动，通过教学过程中的对象反馈、评价与自我反思，完善、修正、改进和创新教学学术，并将其进行推广，这是一个循环式的发展过程。而参与这个过程的对象，不光包括教师本人，还包括学生和其他教师，而且教师自身的反思只有建立在外界客观的体验感受和评价上，才更具有针对性；教师的教学学术成果，也只有在教师群体中进行交流、共享和推广，才更加具有意义。从目前地方高校教师专业发展的情况看，教师之间缺乏一种共生与协作的文化，或者说，教师之间的合作仍停留在人为合作阶段，相互合作的意识、形式、深度等表现出明显的缺失与不足。合作具有行政性，通常都是学校管理部门的行政指令，更多的是体现管理者的意志，是一种自上而下的控制；合作具有单向性和不平等性，即一方对另一方的辅导和帮助，是一种"强势"和"弱势"的关系，双方的合作不是建立在一种平等基础上的对话，如老教师、老研究人员的权威性让新人们习惯于言听计从，教育管理制度的刚性有余、柔性不足使教师屈从于制度的威严而产生表面合作、内心不服的现象，这样的合作都不能算是真正意义上的合作。有其名、无其实的低效、无效的合作实践，不仅无助于大学教师的专业发展，而且会动摇大学教师参与合作的热情和信念，误导教师对合作文化本身的认识，削弱教师参与合作的积极性，严重削弱了教学学术的群体效应。因此，地方高校大学教师教学学术的发展，应当建立起一个有效的学术生态。

首先，要转变教师的专业发展观，确立协同发展的意识。如前所说，教学是一种融汇了发现的学术、整合的学术、应用的学术的综合性学术，特别是教学学术成果需要在接受教师群体的评价、交流、借鉴的过程中得到完善、修正和提高，因此，教师的发展需要在与他人的协作中进行。现代社会是一个竞争与合作并存的社会，合作既是一种素质也是一种智慧，没有鲜明的合作意识和合作能力的教师是根本无法完成真正意义上的教书育人的使命的。教师的专业发展需要与教师团队的共同协作，需要与学生的合作、相互鼓励和鞭策，这是教师专业发展与成长的必由之路。[6]教师应树立协同发展的专业发展观，努力克服"怕被人观摩""怕给别人提意见建议""闭门造车"等心理，通过开放式的课堂教学，加强与同行之间的对话交流，从同行处获得客观的有利于自身发展的反馈信息和启示，共享同伴之间的知识与经验，从而不断地扩展和完善自我认知。同时，在这种民主的氛围与和谐的环境里，教师间就教育教学实践活动进行面对面的、平等的对话与交流，有助于加强教师队伍的凝聚力，而这正是一个和谐高效的教学学术生态环境所需要的。

其次，要促进教师群体专业发展。教师的专业成长，如果只依靠自身力量，那么发展到了一定程度水平往往就会呈现出"高原"状态，难以实现突破。但如果有来自集体的专业力量的支持，本着"合作""平等""伙伴共生"的行动原则，就可能形成一种"水涨船高"的发展态势。[7]教师个体的成功总是伴随着教师团队的成长，个体的职业成就总要建立在团队努力奋斗所搭建的平台之上，特别是地方高校的教师。从整体上看，个体的综合素质和能力与高水平大学比较还有较大的上升空间，只有加强团队建设，才能发挥"抱团取暖"的群体效应。因此，地方高校有必要大力推动教师群体共同的专业发展，教师也应积极将自身的发展与整个教师群体的发展密切结合起来，这既能体现个人对于学校教师群体发展的价值，又可借助群体的帮助，使自己获得更大更快的专业发展。

再次，要建立健全人文管理机制。从教学学术生态的影响因子看，教师内在发展需求和理念是影响教学学术生态的内在因子，而管理机制则是影响教学学术生态的外部因子。高校是高校教师的主要工作场所，高校教师的学术目标必然会受到高校办学管理理念的引导，并在这种引导下寻找学术目标，以满足高校宏观发展的要求[8]，因此，地方高校的管理理念对教师专业发展的作用不容忽视。从目前看，地方高校的管理机制还是以刚性管理为主，以人文管理为标志的柔性管理尚未得到推广。实际上，对于大学教师来说，一个符合"人性"的外部管理机制往往能引导和激发教师内在发展的潜能，从而推进教师的专业发展。因此，地方高校应转变传统的管理理念，在管理中改变单纯的组织者、管理者、监督者的角色，由传统的以行政管理为目的的控制与服从转向参与、支持和协作。体现在教学学术管理的目标上，不能单纯以监控教学质量、提高教学质量为目标，还应当以促进教师的发展为目标，推行人文化的管理措施，尊重教师的人格尊严和专业自主性，尊重教师的主体性和差异性，同时鼓励教师的研究与创新。只有这样，才能创设开放、民主、和谐的教学学术生态环境，激发教师发展的内在动力，促进教学学术的发展。

总之，地方高校向应用技术型大学转型是目前高等教育改革的趋势和重点，地方高校教师的专业发展，应突破原有单纯以科研为导向的模式，回归教学本位，结合应用型人才的培养目标，逐步强化教学学术的研究与实践，通过创设有利于教学学术的生态环境、建立完善有利于教学学术发展的制度体系，进一步提升地方高校教师的教学学术水平，使教学学术研究成为地方高校教师发展的新路径。

参考文献

[1] 教育部副部长称全国 600 多本科院校将转型职业教育占总数 85% [EB/OL]. (2014 - 05 - 10). http://www. guancha. cn/Education/2014_05_10_22 8396. shtml.

[2] 薛忠英. 教学学术与大学教师的专业发展 [J]. 现代教育管理，2014 (3)：70 - 74.

[3] 牛利华. 教师专业共同体：教师发展的新模式 [J]. 教育发展研究，2007 (24)：40 - 43.

[4] 杨超，徐凤. 教学学术视野下的大学教师专业发展及其路径 [J]. 现代教育科学，2012 (1)：1 - 4.

[5] 耿益群. 自由与和谐：大学教师学术生态研究 [M]. 北京：知识产权出版社，2011：4.

[6] 王璐. 专业化视野下的教师文化重构 [J]. 四川教育学院学报，2009，25 (3)：8 - 11.

[7] 张淑芳，张熙君. 教师专业化与教师专业发展：反思与实践 [J]. 教育实践与研究，2009 (3)：4 - 8.

[8] 谭靖, 吴印林, 李晓芳. 高校教学学术化评价与驱动机制研究[J]. 时代教育, 2014 (13): 19.

（本文发表于《高教探索》2017 年第 3 期）

基于微课的化学综合设计实验教学模式探索与实践
——以天然色素的提取、提纯及表征实验教学为例

文剑辉　黄俊生　曹迁永　李　静

当某大二学生被 SN_2（双分子亲核取代）的立体化学难住时，她没有去请教任何人，而是通过手机观看了网易公开课网站上一段"可汗老师"讲解 SN_2 的立体化学的视频，反复看了几遍，就理解了。整个过程既方便又快捷，而且没花一分钱。这或许是以后学习的一种方式：微课程、MOOC（Massive Open Online Courses，大型开放式网络课程）、翻转课堂、可汗学院等新兴事物已然成为教育研究领域的重要关注对象。[1-6] 这种"微课"教学模式不同于传统的课堂教学模式，学生可以通过手机、电脑等网络途径去学习大量优质的教育资源，不再单纯地依赖教师教授知识；而教师的角色也发生了变化，其更多的责任是去帮助学生解决问题和引导学生运用课本知识。基于中国知网以"微课"为关键词检索结果表明，2010—2014 年间发表的关于"微课"的论文数量分别为 1、9、19 与 332 篇，微课教学模式越来越引起广大教学工作者的关注，已被用于一些相关课程的教学中，且取得了良好的教学效果。而关于化学微课教学，尤其是基于微课的化学实验教学，尚未见文献报道。基于微课的化学综合设计实验教学模式如何建设？通过微课学生是否可以轻松掌握更多的知识和技能？通过微课教师是否可以实现化学综合设计实验的"翻转课堂"教学模式呢？本文尝试对这些问题做探讨。

一、微课与化学综合设计实验

（一）微课的定义与特点

微课的定义尚未有定论。百度百科中"微课"被定义为：以视频为主

要载体，记录教师在课堂内外教育教学过程中围绕某个知识点（重点、难点、疑点）或教学环节而开展的精彩教与学活动全过程。"微课"的核心组成内容是课堂教学视频（课例片段），同时还包含与该教学主题相关的教学设计、素材课件、教学反思、练习测试及学生反馈、教师点评等辅助性教学资源，它们以一定的组织关系和呈现方式共同"营造"了一个半结构化、主题式的资源单元应用"小环境"。教育部在第一届中国微课大赛中给出了微课的定义：微课全称是微型视频课程，是以教学视频为主要呈现方式，围绕学科知识点、例题习题、疑难问题、实验操作等进行的教学过程及相关资源之有机结合体。

虽然微课目前还没有一个统一的定义，但从各家的表述上，我们还是可以看到微课的一些特点：小——知识点；全——知识点可以汇聚成一个完整的教学过程；快——制作快捷简单，只要有一台电脑加上简单的设备（摄像头、麦克风等），传播快，在线传播，尤其是手机微信传播，更是方便快捷；廉——因设备简单、制作方便、传播速度快等因素，微课的制作费用较少。微课小、全、快、廉的特点与当今的微潮流紧密贴合。这也是微课给人耳目一新感觉的来源。

（二）翻转课堂

翻转课堂是与微课相伴生的一种教学模式。与传统的课堂教学模式不同，"翻转课堂"教学模式是学生在家完成知识的学习，而课堂变成了教师与学生之间和学生与学生之间互动的场所，以达到更好的教育效果。由于信息技术的普及，人人都有手机的时代已经到来，BYOD（Bring Your Own Device，让每一个同学自带信息设备来上课）终将成为现实，学生可以随时随地使用自己的手机等通信设备，学习原来在课堂上由教师教授的学习内容；教师可以改变自己的教学方式，将上课讲授的内容（教材的重难点、关键点）制作成微视频让学生自主学习，上课则帮助学生解决不懂的问题，师生互动讨论，或者给予学生个性化的辅导，这种近乎理想化的教学模式极大地激发了追求教育改革的人们的浓厚兴趣。

（三）化学综合设计实验

化学综合设计实验是学生学完基础化学理论知识及基础化学实验后进

行的实验。它强调学生的综合实验能力与实验设计能力，尤其后者是综合设计实验的重点内容。它是检验学生是否能将所学知识加以归纳、分析、综合的一种有效实验载体。[7-14]为了更好地培养学生的创新能力、实验技能及实验设计能力，各个高等院校在近几年明显加大了综合设计实验的比例。[15-25]但化学综合设计实验在现实教学中，因其内容涉及的知识面较宽，又需要学生自学设计方案，单个实验耗时特别长，使得学生容易产生畏难情绪；且随着时间的推移，师生之间的互动和沟通往往显得不足，使得实验教学质量大打折扣；采用常规的实验教学方法难以收到应有的教学效果。为了革除传统化学实验的弊端，改革传统的教学模式，笔者探索了基于微课的化学综合设计实验，经过多次实验，发现微课可以点燃学生学习的热情，有效提升实验教学的质量。

二、天然色素的提取、提纯及表征实验教学内容与基于微课的组织教学

常规传统的实验教学模式是教师在实验室布置实验内容，再让学生做设计并实施。而基于微课的实验教学具体做法是：首先教师先将实验的具体要求、实验所用到的仪器操作方法、原理、规范及实验关键点录制成一个个不超过10分钟的微课，并发布在微信上；然后学生根据教师的要求设计实验内容，与教师讨论并优化实验方案；最后按优化的实验方案实验。这翻转了以往的实验教学模式，使得学生在宿舍就可以完成实验设计和基本的技能知识储备，而实验室变成了师生之间和生生之间互动交流的平台和最终完成实验的场所。

（一）天然色素的提取、提纯及表征实验教学内容

天然色素的提取、提纯及表征实验的内容包括：一是选取一种天然植物或动物原料，通过各种方法（常规浸提、酶法、超临界萃取、微波萃取、超声波辅助等）提取其色素；二是对该种天然色素进行提纯（大孔树脂、聚酰胺、色谱法等）；三是对该天然色素通过各种谱学手段（红外、核磁、质谱等）进行结构表征。学生选取的植物或动物上的色素可以是未见文献报道的，也可以是已经报道但在方法上加以改进的；从学科知识上看，主要包括有机化学分析及仪器分析的知识；虽然实验内容只有短短的

两百多字，但所有的原理、操作均是化学专业必须掌握的内容。本设计实验不单可以起到系统地训练学生综合实验能力的作用，还能进一步培养其创新意识。

（二）微课理念下的化学综合设计实验组织教学

1. 录制相关实验内容的微课视频

在微课的理念下，学生通过教师预先设计好的微课视频学会一些基础的知识才能进一步的设计实验。本实验预先录制的微课内容有如下8个：

微课1：如何进行文献综述，查找出尚未被报道（提取）的天然色素，或报道了是否有改进提取方案的动植物样品。

微课2：能够简单地分辨具体的色素结构，常见的色素大多为卟啉系、类胡萝卜素色素、多酚类衍生物（花青素、黄酮类）、酮类衍生物等化合物，学生需学会简单地通过颜色、特征反应、文献等去初步辨别相应的色素结构。

微课3：如何选择合适的色素提取方法，具体选用哪种介质，如何判别。

微课4：如何选择合适的色素纯化方式，其原理及仪器操作方式，色价、纯度的测量方法。

微课5：如何对纯化后的色素进行表征，选择哪些方法。

微课6：红外的原理及操作步骤。

微课7：核磁的原理及操作步骤。

微课8：质谱的原理及操作步骤。

2. 微信——微课共享的载体及师生、生生交流的平台

在微课录制完成后，将其放到微信群上，学生可以随时随地浏览相关内容，并且还可以与教师随时进行互动交流，实现翻转课堂的第一步——学生学到原先课堂上的大多数知识。

3. 学生设计方案，并与教师讨论如何修改方案

学生在完成相应微课视频的学习后，进入方案设计阶段；在方案的设计中仍然可以通过微信与教师或同学交流。学生完成方案后，教师收集所有学生的设计方案，并批阅查找出他们存在的问题，个别问题个别讨论，

共性问题在实验课堂上解决。

4. 学生按方案进行实验

在方案通过教师的审核后，学生进入实验室做实验，并将实验结果统计分析，形成实验报告；再通过录制微课的形式，汇报自己的实验成果。

5. 评价方法

常规的综合设计实验的评价方法是依据方案设计、实验结果及实验者的态度等做评判，笔者在这个实验中是以学生能否在正式期刊上发表论文为评判标准，即达到或发表在中文核心期刊上的学生获"优秀"等级，达到或发表在省级刊物上的学生或"良好"等级，实验报告提交者获"中等"等级，以此类推，很好地刺激了学生的求知欲望。

三、反思

综合设计实验较常规实验而言，在文献调研、设计实验方案、实验过程、实验结果分析与讨论等方面均需增加教学投入，特别是实验环节需要一个开放环境，这也给教学与管理带来了一定的难度，尤其是实验的安全管理。毋庸置疑，综合设计实验在提高学生实验能力、融汇所学知识、发展实验设计能力方面是非常有裨益的，也日益受到教育工作者的肯定。相信随着学科的进一步发展和社会的不断进步，综合设计实验的比例将会越来越大。因此探索综合设计实验的教学模式，对减轻教学负担和实验室管理负担，提高教学质量是非常有裨益的。

笔者通过基于微课的化学综合设计实验教学模式的实践认为，首先是实验教学不再像以往一样重复讲一些内容，教师更有精力投入到解决学生学习后所遇到的问题中；其次是学生学习的兴趣更加浓郁，新兴的学习模式，让学生感受到前所未有的新鲜；最后是评价方式的改革，也有力地促使学生投入更多的精力到实验中来。总的来说，这种模式与传统的综合设计实验教学相比，有四大优点：一是通过微课、微信的方式师生交流互动方便快捷；二是有利于培养学生的创新能力；三是实验质量更有保障；四是方便管理。总的来说，微课理念下的化学综合设计实验教学模式更有利于培养学生的创新能力和提高实验教学质量。

参考文献

[1] http：//baike. so. com/doc/5395202. html.

[2] 黎加厚. 微课的含义与发展 [J]. 中小学信息技术教育，2013 (4)：10 – 12.

[3] 高尚德. "微课"：课堂翻转的支点 [J]. 上海教育，2013 (15)：70 – 71.

[4] 金陵. 从联系中看MOOC、微课和微课程 [J]. 中国信息技术教育，2013 (6)：33.

[5] 胡铁生，詹春青. 中小学优质"微课"资源开发的区域实践与启示 [J]. 中国教育信息化，2012 (22)：65 – 69.

[6] 胡铁生，黄明燕，李民. 我国微课发展的三个阶段及其启示 [J]. 远程教育杂志，2013 (4)：36 – 42.

[7] 肖建富，高瞻，李桂新. 综合性实验的界定与作用探析 [J]. 实验技术与管理，2008 (12)：143 – 145, 165.

[8] 陶春元，喻国贞，曹小华，等. 大学化学综合性、设计性实验教学实践与探索 [J]. 实验技术与管理，2011 (6)：182 – 184.

[9] 张晨宇，童旭光，韩金金. 综合性设计性实验课"管理模拟"的实践与思考 [J]. 实验室研究与探索，2011 (11)：116 – 118.

[10] 田运生，刘维华，王景春. 综合性设计性实验项目建设的探索与实践 [J]. 实验技术与管理，2012 (2)：126 – 129.

[11] 沈为民，黄杰，杨凯. 提高综合性设计性实验的教学效果的探讨 [J]. 高教论坛，2012 (8)：21 – 24.

[12] 周文富. 以科研模式开展综合性设计性实验教学 [J]. 实验室研究与探索，2008 (2)：92 – 95.

[13] 李艳玲. 综合性设计性实验的开设与管理 [J]. 实验室研究与探索，2008 (8)：110 – 111, 150.

[14] 张起祥. 综合性、设计性实验研究 [J]. 黑龙江高教研究，2008 (2)：165 – 166.

[15] 张小林，周美华，李茂康. 综合性、设计性实验教学改革探索

与实践 [J]. 实验技术与管理, 2007 (7): 94 – 96.

[16] 周鲜成. 规范综合性、设计性实验教学的探索与研究 [J]. 实验技术与管理, 2007 (7): 103 – 105.

[17] 易昆南, 于菲菲. 在综合性、设计性实验中培养学生的创新能力 [J]. 实验技术与管理, 2007 (8): 8 – 9, 14.

[18] 聂志刚, 刘正东. 实验教学中的综合性设计性实验 [J]. 实验技术与管理, 2008 (3): 140 – 141.

[19] 曲金泽. 综合性设计性实验教学的实践 [J]. 实验室研究与探索, 2005 (S2): 68 – 69, 81.

[20] 邵兴国, 王宏顺, 王滨. 积极开设综合性设计性实验 提高学生动手能力和创新能力 [J]. 实验室研究与探索, 2002 (S1): 20 – 22.

[21] 尹元萍, 汤利, 赵平, 等. 农科院校植物营养类综合性设计性实验探索与实践: 以云南农业大学为例 [J]. 云南农业大学学报 (社会科学版), 2012 (4): 102 – 106.

[22] 曹小华, 陶春元, 雷艳虹, 等. 化学综合性设计性实验的开设原则及实践 [J]. 实验教学与仪器, 2013 (Z1): 74 – 76.

[23] 曹小华, 谢宝华, 叶姗, 等. 大学化学综合性、设计性实验教学研究与实践 [J]. 化学教育, 2011 (5): 60 – 63.

[24] 曹小华, 喻国贞, 雷艳红, 等. 科研成果转化为综合性、设计性实验的教学探索与实践 [J]. 化学教育, 2009 (11): 15 – 16, 76.

[25] 严赞开, 陈樱, 衷明华. 综合性实验教学模式的探索与实践: 以肉桂酸的合成实验教学为例 [J]. 实验技术与管理, 2013, (9): 140 – 142, 145.

(本文发表于《韩山师范学院学报》2016 年第 6 期)

迁移策略对相似性化学问题解决影响的调查分析

文剑辉

一、前言

在新课改的教育理念的指导下，教师的教育思想和教学方法得到进一步的改善，但在实际教学中仍存在一定的困惑。特别是学生进入高中学习后，由于知识内容的增加以及难度的加大，学生普遍反映化学难学，不能运用旧有的知识去解决新的问题，出现课堂所学知识与课后问题解决相脱节的现象。在高考的指挥棒下，教师为升学率只进行知识的传授，搞题海战术，却忽略学习策略方法的传授，不注重迁移策略的教学，导致学生迁移能力差，面对相似性化学问题仍不能举一反三。

以往关于迁移策略在化学问题解决中的应用研究极少，且只局限于教师的经验总结，缺乏相关的真实调查研究。本文将从学生的角度对化学问题解决和迁移理论进行整合研究，探究迁移策略对学生在相似性化学问题解决过程中的影响程度，在调查的基础上总结近似化学问题解决的迁移策略，以期在实际教学中提高学生化学问题的解决能力，提高素质教育和应试教育的有效融合。

二、基本理论

问题解决是一种十分复杂的认知技能，指经过一系列认知操作完成某种思维任务。在心理学上一般被定义为：一系列有目的、有指向性的认知操作活动过程。问题解决策略主要包括在问题解决过程中所使用的认知策略以及对这些策略的元认知调节。早在1986年，Larkin等人指出，某些问题解决过程中的相关策略可实现迁移。

迁移是一种学习对另一种学习的影响，学习迁移就是将某情境中习得的知识与技能应用于另一个情境。根据不同的标准，可以把迁移分为正迁移和负迁移、近迁移和远迁移、水平迁移和垂直迁移等。而在化学问题解决的过程中，运用类比迁移的策略将起到重要的帮促作用。类比迁移是指在两个学习环境中因具有相同的要素而发生迁移，学习者可以运用先前习得的知识、技能去解决新环境中的问题。古代教育学家孔子曾说过："知一隅，不以三隅反，则不复也。"化学知识的一大特征是问题的呈现有一定的系统化、模型化以及相似性，问题解决过程中涉及的概念原理、方法技巧具有一定的相似度。因此，实现相似化学问题的迁移是提高教学效率的一种有效方法。

按照问题的难易程度，本调查过程将化学问题分为两种进行研究。一种是简单规律的化学问题，涉及对象单一，概念原理简单，解决过程较不烦琐；另一种是复杂模型的化学问题，涉及多个对象，解决过程复杂，使用的概念原理常有叠加。根据化学问题的本质关系和复杂程度，可将化学问题的相似性划分为六个层次，分别是：①语义近似，即对象、情境等近似，主要表现在表面特征上的相似。②特征近似，即概念、规律、化学量等具有相关性，主要表现在性质要素的特征上相似。③关系近似，即化学的公式、定律等，主要表现在内部化学量关系之间的近似。④结构近似，即化学公式、定律之间有较复杂的层次关系，在关系近似的基础上显得结构更复杂。⑤情境干扰，即表面的特征等与源问题相似，但实质的化学内涵有差异，环境因素起到干扰的作用。⑥近似叠加，即多个不同的近似关系叠加，使问题与源问题相比更加复杂。

三、迁移策略对相似性化学问题解决的影响调查和分析

(一) 研究对象

本次测验选择研究对象为潮州市某市属中学高一年级3、4班，高三年级4、5班的学生。该校属省一级学校，所选班级在该校属普通班，因此具有广泛的代表性。调查对象中高一年级进行化学简单规律问卷测试，高三年级进行化学复杂模型问卷测试；且一个班为实验班，一个班为对照班。本次调查共发放278份问卷，回收有效问卷242份；访问人数一共为12人。

(二) 研究方法

1. 文献分析法

主要收集、鉴别、整理关于迁移策略、化学问题解决、相似性问题等理论的相关文献，对基本理论做一个了解，为本研究的调查分析做理论支

撑，从而使调查过程更全面科学。

2. 问卷调查法

问卷类型：非结构性问题

问卷结构：简单规律的化学问卷：1 道源问题 + 5 道靶问题

复杂模型的化学问卷：1 道源问题 + 5 道靶问题

问卷内容：电解质与非电解质、氧化还原反应方程式书写（简单规律的化学问卷）

原电池与电解池的比较（复杂模型的化学问卷）

调查时间：2015 年 12 月

3. 访谈法

在高一班和高三实验班中分别抽查成功解题和出错的同学各 3 名。询问是否由于源问题讲解的启发而成功解题；出错的同学是否由于源问题未能掌握或是迁移出错，找出具体原因。

（三）问卷调查及访谈的研究过程

在对照班中，由任课教师进行正常的教学，其中穿插了对源问题的讲解，在其共性和变性的问题上不进行详细讲解，只是对源问题进行简单的知识点介绍及解题技能的讲解。在实验班中，在简单介绍源问题所需要的知识和技能之外，详细介绍其异同点。

（四）调查结果

经过问卷调查以及抽样访谈之后，对数据进行整理得到的结果如下：

简单规律的化学问卷中，发放问卷 136 份，回收有效问卷 127 份，访问人数为成功迁移和迁移出错各 3 名；复杂模型的化学问卷中，共发放 142 份问卷，回收有效问卷 118 份，访问人数为成功迁移和迁移出错各 3 名。

在简单规律的问卷中，有 1 道源问题、5 道靶问题，学生迁移统计结果如下：

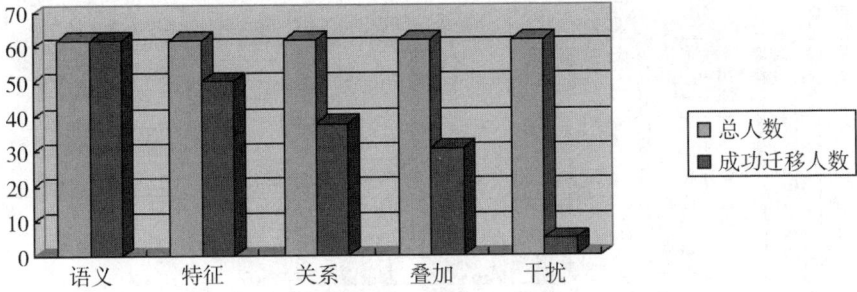

图1 对照班简单规律问卷统计

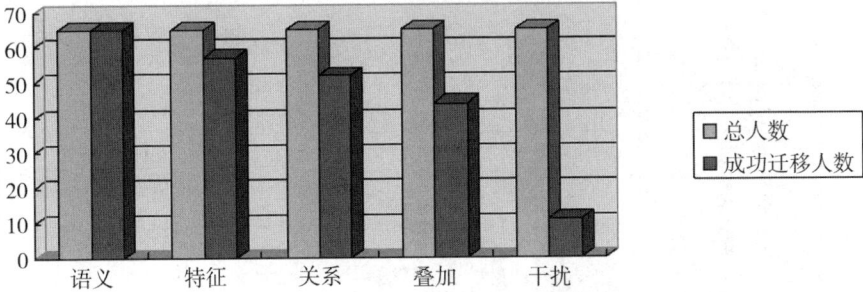

图2 实验班简单规律问卷统计

表1 简单规律问卷统计结果比对

近似类型	对照班（总人数62）		实验班（总人数65）	
	成功迁移人数	百分比	成功迁移人数	百分比
语义近似	62	100%	65	100%
特征近似	50	81%	57	88%
关系近似	38	61%	52	80%
近似叠加	31	50%	44	68%
情境干扰	5	8%	11	17%

在复杂模型的问卷中，有1道源问题、5道靶问题，学生迁移统计结果如下：

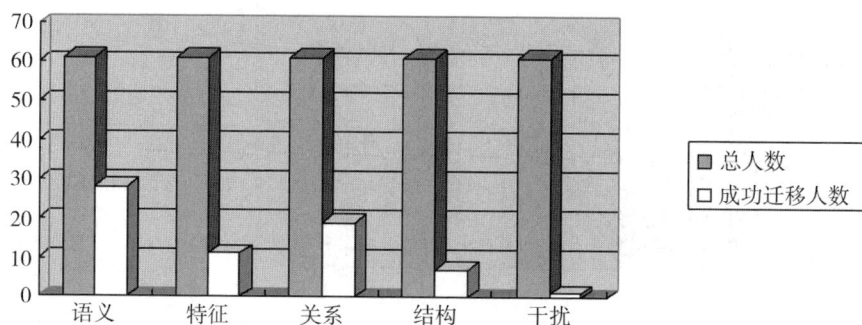

图 3　对照班复杂模型问卷统计

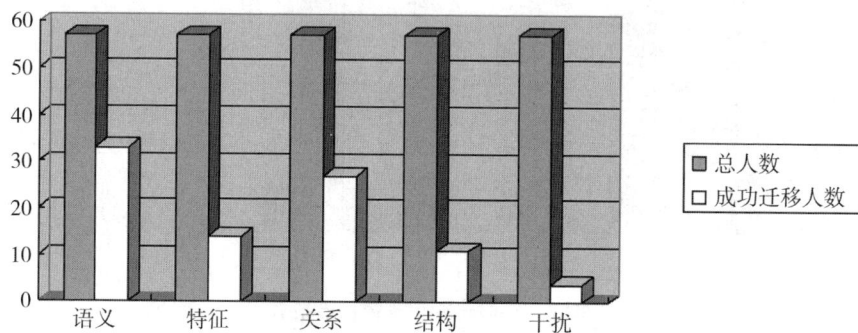

图 4　实验班复杂模型问卷统计

表 2　复杂模型问卷统计结果比对

近似类型	对照班（总人数 61）		实验班（总人数 57）	
	成功迁移人数	百分比	成功迁移人数	百分比
语义近似	28	46%	33	58%
特征近似	11	18%	14	25%
关系近似	19	31%	27	47%
结构近似	7	11%	11	19%
情境干扰	1	2%	4	7%

（五）结果分析

通过试卷问卷形式和访谈形式，笔者得到以下结论：

在简单规律化学问卷中，经过访谈，了解到学生迁移出错主要存在三个原因：一是概念理解出错，例如对电解质问题概念把握不准确，在概念理解上出现了偏差；二是逻辑思维混乱，没能理清问题对象间的关系，例如在被氧化和氧化剂的关系认识上出现混乱；三是思维定式干扰，例如在干扰题型中，由于源问题和靶问题极为相似，导致定式为语义相近问题，进行了错误的迁移。

在复杂规律化学问卷中，经过访谈，了解到迁移出错的学生主要存在以下问题：一是未能把握源问题的关键元素，只是进行了浅表性的迁移，导致无法解决问题；二是无法理解源问题涉及的知识点，解题失败；三是解题的成功率与知识掌握程度和学生素质有直接的关系。

从整体可以看出，源问题和靶问题语义相似度越高，对源问题涉及的概念掌握得越好，越容易实现迁移。结构的调整、知识点的叠加组合成新问题对实现正迁移的概率有较大的影响。在对实验班进行深入讲解教学后，与对照班的解题效果相较，其成功迁移的效率大大提高。可见，采用适当的迁移教学与学习策略，能增强学生的思维定式，能对学习成果产生积极的影响，促进正迁移。

四、教学启示

通过以上的结果分析，笔者得出以下几点教学启示：

在源问题设置方面，新化学问题（靶问题）与之前学过的例题（源问题）越相似，学生解题的效率提高越明显。而不同难度的源问题，对不同层次的学生具有不同的迁移影响。因此，在教学的过程中，利用化学基本的概念和原理，提炼出适合不同层次学生的源问题。有针对性地根据学生的特点，选择对应层次的源问题，从而提高源问题对靶问题的正迁移影响。

在教师讲解方面，一是教师必须对源问题相对应的基础知识和基本原理进行深入讲解，使学生有正确的化学知识素养来认识问题的本质。二是在对源问题的特征描述上，讲解过程必须突出，使学生掌握该类源问题识别的基本能力，进而促进迁移能力的生成。三是在对源问题讲授之后，应及时进行情境转移，通过源问题元素和结构的变换，引导学生运用发散性思维，促使学生将源问题和靶问题进行对接，进行迁移。

在学生认识方面，必须重视对学生的引导，让学生对问题本身产生价值的认识，从而激发学生的学习兴趣和热情，对问题予以精准、深入的把握，形成一定的思维定式，进行正迁移。

研究结果表明，只有当学生具有正确的知识结构，在对知识充分掌握的基础上，通过迁移策略的运用，才能有效提高学生解决化学问题的解决能力，这对化学教学有较大的启发意义。

参考文献

[1] 叶堃鹏. 学习迁移视域下的高中化学教学研究 [D]. 福州：福建师范大学，2015.

[2] 宋志勇. 化学教学迁移能力培养的理论基础研究 [J]. 教育教学论坛，2013（7）.

[3] 黄艳. 孔子生命教育思想研究 [D]. 郑州：郑州大学，2013.

[4] 邢如萍. 超越还原：化学理论的语境化研究 [D]. 太原：山西大学，2012.

[5] 黄红英. 基于类比教学的高中化学工业流程题解题策略的实践研究 [D]. 上海：上海师范大学，2015.

[6] 张瑞娜. "主导—主体"教学模式在高中化学教学中的应用 [D]. 新乡：河南师范大学，2013.

[7] 曹大明. 高中化学教学方法的探讨 [J]. 新课程（上），2014（5）.

[8] 陈玉乔. 化学教学中知识负迁移的转变策略 [J]. 中学化学教学参考，2012（10）.

[9] 张厚峰. 浅析思维定式对化学教学的"负迁移"影响 [J]. 教学月刊·中学版（教学参考），2015（12）.

（本文发表于《嘉应学院学报》2017年第2期）

慕课模式下地区优质数字教育资源的利用探索

——以广东潮州地区为例

文剑辉

当前，信息快速发展的微时代，将教育带进了空间与时间的无缝时代，慕课、微课等现代教育信息的发展，给教育的理念和发展带来了革命性的变化。其中，大规模在线的慕课课程，以其可视化、在线化、体系化优势，在适应当前人们学习生活的同时，给予优质数字教育资源的建设和利用带来了无限的启发。2013 年慕课开展以来，慕课在我国普通高校、中小学、中高职学校刮起了一阵学习、建设、应用的风暴，建设了大量优质的数字教育资源，当我们面对如此可喜的发展现状时，如何更好利用这些优质的数字资源，特别是其应用的范围、适应性、路径，是值得我们深入思考的。有感于此，笔者从慕课模式出发，融入地方文化的研究，并以广东潮州地区为例，展开相关讨论。

一、慕课模式下地区优质数字教育资源的应用现状及意义

2012 年 3 月 13 日教育部印发了《教育信息化十年发展规划（2011—2020 年）》，明确了教育信息化的要求和发展方向，"缩小基础教育数字鸿沟，促进优质教育资源共享"，"整合信息资源，提高教育管理现代化水平"[1]。党的十八届三中全会更是明确提出"构建利用信息化手段扩大优质教育资源覆盖面的有效机制"等要求和构想。教育信息化的重点在于优质教育资源的利用，如何进一步使现有的优质教育资源得到覆盖，特别是对教育落后地区的覆盖，需要我们做进一步的思考。

翻阅中国期刊网，以篇名"数字资源整合""数字资源利用""数字资源整合利用"分别检索，文章有 282 篇、106 篇、6 篇。从文章的研究范畴来讲，多为高校、地方图书馆的数字资源整合、利用研究；从研究的路径上讲，主要是数字资源的整合、建设方面的研究，在资源的应用、利用方面涉及较少。总体来讲，目前建设多于应用，建设的最终目的是应用，应用的研究需进一步发展。特别是在信息化教育范畴中，慕课模式下

的优质数字教育资源应用方面更是处于空白状态。

广东作为我国改革开放发展的前沿阵地，广东省教育发展"十三五"规划（2016—2020 年）报告中显示[2]，在教育"创强争先建高地"方面取得显著成效和丰硕成果。然而，在喜人成绩面前，该报告也表明当前面临的严峻形势，"珠三角地区与粤东西北地区教育发展不平衡现象比较突出，粤东西北地区教育发展水平与现代化要求差距比较明显。教师队伍建设与教育事业发展和人才培养的要求还不相适应，教师资源在区域、城乡、校际、学科之间配置不均衡，教师管理制度有待进一步完善"。教育的不均衡发展仍然存在，特别是地区之间、城乡之间，主要是在教育资源方面，如师资力量、资源建设、人文环境、硬件建设等存在较大差距。

慕课模式下地区数字教育资源的利用，融入了地方特色文化，能最大限度地集合地方优质教育资源，能够打破时空限制，使区域内的教育资源得到最大限度的共享，并通过微平台的交互交流，增加教育资源的可读性和趣味性，使教师、学生及其他社会成员都能在平台中随机学习，能最大限度满足学习需求，进而缩小城乡教育差距，促进教育发展平衡。

二、主要研究内容

慕课模式下地区优质数字教育资源利用的研究依托构建的优质数字教育资源，其应用的主要资源、面向的对象及应用范畴，要做好布局思考。

（一）主要资源

优质数字教育资源，是在课程内容、教学规律和技术深度融合的基础上开发的，应从教育性、教学性、技术性、应用性、时效性等几个维度进行约定或保证。[3]按照设计要求，课题组以慕课为技术，以潮州地区为例，融入潮州地方特色文化，在基础教育模块中，以高中—初中—小学现有教材为参考；在文化资源建设方面，主要以潮州文化物质资源为参考，如潮州菜、潮州小吃、工夫茶等。对现有教育资源的重新整合，按照教育的需求层次出发，将数字资源分为幼儿的启蒙教育资源、小学—初中—高中的基础教育资源，以及广大人民群众所喜闻乐见的地方通识文化教育资源。目前已开发潮州小吃系列微课程、潮州菜系列微课程等地方特色数字教育资源一批；基础数字教育资源有 1 000 余个，其中，初中—高中化学的理论、实验教学知识点基本建设完毕，在科学建设上基本涵盖了语文、数学、英语、化学、物理、生物、地理、历史、政治、艺术、体育等学科，为开展地区优质数字教育资源利用研究提供源源不断的资源保障。

（二）面向的对象

根据当前资源建设的情况和未来的设计来看，慕课模式下地区优质数字教育资源充分在微信工作平台运行，向广大读者开展免费服务，其面向的服务对象包括广大社会人士、教师、学生、幼儿，能够满足广大人民群众的阅读需求，同时通过平台，将地方传统文化资源，以当前人们最熟悉的方式进行传播，使古老的地方文化资源焕发新生命，助力中华优秀文化的建设。

（三）应用范畴

按照慕课模式下地区优质数字教育资源的内容分类，可广泛应用于各中小学学习交流，作为区域之间教师交流、高校师范生学习、家长参与子女学习、学生复习的资料；也可以作为文化阅读资源，用于人们了解地方文化。其具有容量小、可视化、在线化的优势，只需互联网＋手机的支持，即可共享并在线学习，使其阅读的应用范畴超出空间的一般限制，应用范围十分广泛。

三、慕课模式下地区优质数字教育资源利用的开展路径

当前，课题组以潮州地区为例，初步完成了慕课模式下地区优质数字教育资源的建设，初步将资料分为潮州文化特色资源、中小学基础教育资源等，根据资源分类，通过微信公众平台的共享，其利用开展路径如下所述。

（1）融入地方特色——潮文化的优质教育数字资源和慕课新的模式，给予其新的展示平台，便于人们更好地了解丰富多彩的潮文化。

以潮州地区为例，融入潮文化，慕课模式下的优质数字资源，其中的潮州文化数字资源，如潮州菜、潮州语言、潮州小吃等，可以将其应用于本地区内的基础文化教育，特别是在幼教、小学等启蒙教育阶段，开展传统文化教育，对于当地的原住民而言，可以更加深入地了解自身固有的传统文化。一些口口相传、濒于断层的文化资源将得到很好传承，人们通过

微信即可阅读了解，在优秀文化的源头找到自己的根，在地方文化的品质中找到自身文化源头的优秀特质。这对于增强文化自信，塑造优秀道德品质，具有积极的促进作用。也可与当地的文化、旅游部门合作，开展文化宣传运营，让人们只要进入其微信公众平台，即可免费浏览潮文化资源。这对于外来旅游者而言，是非常好的旅行学习资料。外出旅行，住、吃、行，了解的本质在文化。将潮文化中的物质文化，通过慕课的形式，让外来旅游者只需进入相关的微信公众号，即可全方位了解相关资源，为其提供便利的同时，也很好地弘扬了潮文化，对于发展当地文化旅游业，具有积极的促进意义。

（2）知识源于生活，人类对物质世界以及精神世界的探索，启示着教育工作者在传道授业过程中要多回归生活，避免说教式的讲授，而地方文化的引入更是与此相符；同时也启示我们可以在后期的数字资源建设中，将地方文化引入学科教育中。其中严赞开、衷明华的《潮州文化走进大学化学课堂的实践与反思：以一堂综合性化学实验课的教学改革为例》一文中，则开创了将潮州文化与化学科学结合的实践，为教育学科改革带来启示[4]：慕课模式下的地区性优质教育资源应该将地方的物质文化根植于科学教育。比如化学学科，是以实验为基础的学科，其众多知识皆源自人们的生活和生产，将地方文化特别是地方物质文化、支柱产业引入，能够让人们在学习过程中，特别是在学校学生的接受教育过程中，感到耳目一新。这可以提升学习兴趣，并可以应用于地方教育，将具有地方文化特色的优质数字资源呈送给每个学习者。

（3）慕课模式下的地区性优质教育资源，打破时空限制，用于学生重难点复习预习。

在慕课模式下的优质教育资源中的基础教育部分，采用大规模、在线的微视频形式，主要以地区的初中、高中的教材为基本内容，开发 5～15 分钟的微课课程，并在微信工作平台上展播。该部分资源充分利用慕课"为缺课学生补课用的"[5]传统优势，将课程知识体系化以及重点、难点突出化，学生可根据自己的实际学习需求，登录微信工作平台，点击查看所需的知识点。学生可以看到地区内，如潮州地区乃至粤东地区优秀教师讲解该知识点的微视频，进行难点、重点学习。这打破了区域内优秀教育资源的时空限制，在一定程度上缓解了区域，特别是城乡教育发展不平衡的态势。其视频可重播、碎片化的学习形式，让学生能够在学习中不断对知识点中的重点和难点进行揣摩、思考，达到理解、融会贯通。

（4）应用于家庭作业辅导，促进学校与家庭教育的交流沟通。

古往今来，成功的教育，需社会、学校、家庭共同合作承担，"孟母三迁"是典型而成功的例子。现代人紧张的工作生活节奏与专业细化分工的惯性思维忽略了家庭参与教育的重要性，并切断了社会、学校、家庭三者共同开展教育的联系和作用。慕课可以在互联网、手机微平台上展示，这样就能将该地区内优质的教师教育资源送至家长的手机终端。基于此，家长动动手指即可了解孩子所在区域最优质的教育资源，进而了解孩子的学习状况，一方面可以和孩子共同学习，特别是在幼教和小学基础阶段，更便于指导、参与孩子的学习，进而与学校、老师能更加高效地沟通；另一方面可以了解当前其所在区域的学习资料，当家长外出接触到更新的知识或者发展信息时，可以及时与学校、老师、孩子沟通，知己知彼，共同促进地区教育的发展和学生的成长。

（5）促进地区性优质资源共建共享，为广大一线教师、高校师范生提供教学教研的学习资源。

当前，课题组通过"国家—省（地方）—校—院"多级微课程大赛及粤东微课程大赛，募集了区域内的高校师范生、一线教师设计的微课作品。其中中学化学的微视频的建设基本完成，并产生了大量的优秀作品。从作品的内涵来讲，体现更多的是作者对一个知识点的独特看法和教案设计，通过共建共享，免费提供优质数字学习资源，在满足学生学习需求的同时，更是给区域内的一线教师、高校师范生提供了学习的资源和路径。利用微信公众平台，一方面，一线的教师可以通过地区内的优质数字资源，了解其教学中各项知识的不同设计，比如潮州区域内，饶平地区教师的优秀慕课可以通过平台与市区教师的作品形成交互，同时也可以了解区域内高校师范生的设计及看法；另一方面，高校的师范生可通过该资源平台，了解区域内一线教师对各知识点的设计，进而形成高校师范生、城乡一线教师之间的教学交互，促进区域内城乡之间教育资源不平衡地区的平衡发展，以区域发展促全局发展。

四、展望

慕课的利用研究正处于发展阶段，慕课模式下地方优质数字资源的应用也处于探索阶段。其主要应用方向广泛，任重而道远，在数字资源的利用探索上或许还有许多挫折，但是其共建共享的优势，打破时空，随时可供学习交流的优越性，会不断激励我们改进资源建设，特别是加强其实践运用。当这些免费资源慢慢走进人民大众的生活中，为人们所喜爱，人们在其中获益时，我们的工作将更加有意义。

参考文献

[1] 教育部. 教育信息化十年发展规划（2011—2020年）. 教技[2012] 5号.

[2] 广东省教育厅. 广东省教育发展"十三五"规划（2016—2020年）. 2017 - 01 - 09.

[3] 王志刚. 优质数字教育资源：学与教变革的基础 [J]. 中国电化教育，2014（11）：7 - 9.

[4] 严赞开，衷明华. 潮州文化走进大学化学课堂的实践与反思：以一堂综合性化学实验课的教学改革为例 [J]. 化学教育，2014（22）：33 - 36.

[5] 王秋月. "慕课""微课"与"翻转课堂"的实质及其应用[J]. 上海教育科研，2014（8）：15 - 18.

（本文最初发表于《南方论刊》2017年第5期，收入本书时标题有所改动）

化学新课程"互动式"实验教学的现状、问题与对策

文剑辉

化学是一门研究物质的组成、结构、性质以及变化规律，以实验为基础的自然学科。实验是学习化学、体验化学和探究化学过程的重要途径。中学化学课程标准强调："实验教学可以帮助学生形成化学概念，理解和巩固化学知识，培养学生观察现象、分析问题、解决问题的能力，让学生初步掌握一些常用的化学实验技能，培养学生实事求是、严肃认真的科学态度和科学方法。"可见，化学实验教学不仅是化学教学中不可取代的、有效的教学形式，也是实施素质教育不可或缺的重要环节。通过实验现象，可以直观地帮助学生理解知识；通过实验操作，可以使学生的能力得到提高，培养学生良好的学习品质。

一、有效课堂教学的基本含义及"互动式"教学对课堂教学效果的有效性

（一）有效课堂教学的基本含义

"有效教学"的理念源于 20 世纪上半叶西方的教学科学化运动，在美国实用主义哲学和行为主义心理学影响的教学效能核定运动后，引起了世界各国教育学者的关注。对"有效课堂教学"的认识，不同的研究学者有不同的见解。课堂是师生共同学习的场所，其氛围应由师生共同营造。教学效益既不取决于教师传授的知识量，也不能仅仅理解为学生机械记下知识的多与少。[1-2]所谓的"有效课堂教学"，应该具有双向性，是课堂上教师采用合理的教学策略，在一定的教学时间内，通过师生的互动，使课堂形成多层次、多渠道、多方位、多形式的互动网络，师生间以较小的投入获取较大的效益，既使学生获得知识，能力得到培养，同时又能通过学生的思想行为促进教师思考，最大化地满足不同学生和教师的多样需求，得到教学相长的效果。

（二）"互动式"教学对课堂教学效果的有效促进性

传统的化学课堂以教师为中心，学生的主体地位没有得到充分的体

现。在实验课堂上，大多由教师独自操作实验，更有甚者，连实验演示直接省略，教师直接告诉学生实验步骤、实验原理、实验现象以及实验应该注意的内容，实行"满堂灌"教学，实验是用"读"的方式"做完"。这种课堂教学方式虽然能使课堂内容容量多，保证课堂的可控性，但形式单一，学生参与课堂教学的机会少，只是机械地接受知识，师生间缺乏互动交流，信息得不到反馈，学生的综合素质得不到全面的提高。

实际上，教学活动不应该只是教师单方面的活动，而应该是师生间共同完成的任务。教育部《基础教育课堂改革纲要》明确指出："教学过程是师生交往共同发展的互动过程。"在课堂上积极创造师生、生生间互动式教学，对于提高化学课堂的有效性具有积极作用。

构建"互动式"课堂教学，增进师生的交流互动，能够让师生交流彼此的情感，分享彼此的思想、经验，共同创造和谐、民主、平等、轻松、快乐的课堂，让课堂焕发生命的活力[3]；突破原来课堂教学的封闭状态，使学生进入到动态、开放的学习环境中，在宽松的气氛里学生想学、乐学、会学，不断获得新的体验，价值得到体现，思维得到发散，个性得到发展，创造力得到展示；通过小组合作讨论、科学实验探究等方式提高学生的观察能力、操作能力和发现问题、分析问题、解决问题的能力，让学生敢于自我表达，让学生在自我探究、自我感悟中成长；充分发挥学生的自主性，把课堂交给学生，体现学生的主体性和教师的主导作用；通过交流、讨论互动，还能让学生吸收他人的思想和建议，做到取长补短；整个过程中，不仅老师的讲解和引导可以启发学生的思维，学生的见解也常能让教师的思维擦出火花，让教师有所触动、受益匪浅，从而促进师生间共识、共享和共进，真正做到教学相长。

同理，把"互动式"的方法、途径融入化学实验课堂教学中，使师生、生生间充分对话、交流，和谐互动；使师生的情感和人格、魅力都通过化学实验教学活动而得以展示，使学生的学习效率及综合能力得到提高，达到强化课堂有效性的目的。

二、化学实验课堂教学现状调查与分析

既然"互动式"教学对课堂教学有着重要的作用，那么，现阶段化学新课程"互动式"实验教学在中学课堂中进行得怎么样呢？对此，笔者进行了调查与研究。

（一）调查对象及调查方法

为了更好地了解中学化学实验课程实施的现状，笔者对潮州、揭阳、汕头等地五所中学进行了调查。课堂教学是师生共同完成的活动，师生双方对课堂各方面的感受、体会和表现，都直接影响到课堂教学效果。因此，笔者分别对教师和学生进行了调查。本次调查问卷中，共发放学生问卷 250 份，教师问卷 60 份，回收率 100%。调查采取随机性、无记名的方式，尽可能让教师与学生把自己最真实的想法反映出来，提高调查结果的客观性和可信度。另外，在调查过程中，笔者还采用访问、谈话等方式对教师、学生的情况做了进一步的了解。

（二）调查数据处理和分析

1. 对"实验重要性的认识和课堂气氛"的调查

学生是课堂的主人翁，化学实验课堂的实施，有赖于学生对实验重要性的认识。在本次调查中笔者发现，大部分学生能够认识到实验在化学学习中特别重要，且对学习的帮助很大，50.39% 的学生认为平时化学实验课堂气氛活跃，2.33% 学生认为课堂气氛一般，还有 47.28% 学生认为课堂气氛死气沉沉。从此我们可以看出，化学实验课堂气氛，有待教师继续探究教学策略，营造更好的课堂氛围。

2. 对"教学目标明确性"的调查

"互动"可以充分发挥学生的主动性，但"互动"并非毫无主题的随性发挥。课堂师生互动必须有一个明确的主题，即教学目标。在上课前，师生对教学目标应有明确的认识，才能保证互动环节动静结合，似散非散。在本次调查中，笔者发现，大部分教师在每节实验课上课前对教学目标是很清晰的，并能围绕教学目标进行教学活动，且大部分学生也认为教师可以在讨论环节保证有明确的方向。同时，为避免互动时学生的盲目性，笔者认为，教师有必要在上课前把教学目标告诉学生，让学生清楚自己的学习目标。但在教师的调查中，只有 38% 的教师会把教学目标很清楚地告诉学生，62% 的教师有时会把教学目标告诉学生。而在对学生的调查中，也只有4.9%的学生在每次实验上课前都清楚知道学习目标，5.8%的学生从来就不知道自己要达到的学习目标是什么，其他的学生反映有时可以知道。由此，我们认为，在上课前，教师向学生传达的教学目标仍不够全面、清晰。

3. 对"教师对学生学习能力信任度"的调查

随着新课程改革的推进，"互动式"教学越来越受教师的青睐，很多教师也都已尝试在课堂上进行"互动式"教学。如：调查中显示，在课堂演示实验时，85.71的教师会寻找机会让学生参与演示实验，或偶尔让学生上台给其他学生当"小老师"，这说明大部分教师会在课堂活动允许的条件下安排学生动手操作实验。同时，"互动式"教学要求教师学会"放手"，给学生自主学习的时间和空间，充分相信学生的学习能力。但在调查中笔者发现，有31.58%的教师认为自己在课堂上讲的太多，因为怕学生自己不学，或怕学生学不懂；36.84%的教师认为自己讲的并不多，但老师和学生都感觉有些累；只有31.58%的教师认为教师精讲，能充分调动学生的积极性和主动性，让学生自己解决问题。这表明，部分教师的教学思想观念仍有待转变。

4. 对"引导性、鼓励性教学策略实施情况"的调查

加强师生、生生互动交流，创设和谐课堂气氛，教师还要善于鼓励学生，为学生创造机会，激发学生的积极性和自主性。通过调查，笔者发现只有23.1%的学生认为平时教师在指导学生实验学习活动方面能够给予积极的指导，鼓励学生思考和开展合作学习；45.38%的学生认为教师有时指导，偶尔开展合作学习活动；28.46%的学生认为教师主要关注学生的个体学习状态，不太注重开展合作学习，还有3.06%的学生认为教师没有任何指导，对学生的学习活动不管不问。在"课堂上教师是否注意对学生进行学习策略，以及分析、解决问题能力的培养"的调查上，只有20.77%的学生认为教师非常注意这一点，而且方法得当；50.77%的学生认为教师偶尔注意，但方法一般；还有5.38%的学生认为教师从来没有注意这个问题。再者，笔者还发现有59.86%的学生认为课堂自我表达的机会很少，且不敢自我表达；12.88%的学生认为机会虽然很多，但他们不敢表达自己

的见解；23.48%的学生认为自己敢于表达自己的观点，但很少有这样的机会；只有13.46%的学生认为教师在课堂上能够提供给他们自我表达的机会，并且他们也敢于自我表达。同时有72.87%的学生在课堂从未受过老师的表扬，52.3%的学生认为教师在课堂上对自己的学习和自信心的激励一般。从这些数据中我们可以看出，现阶段教师对"互动式"教学策略中"引导性、鼓励性"教学仍应该不断改进、发展。

5. 对"课堂上教师对待问题、疑问的态度和方法"的调查

在课堂上，教师的提问以及对难题的处理方式也会影响课堂效果。在调查中笔者发现，76.15%的学生认为教师的提问主要针对的是大部分学生，这有助于调动学生的积极性。当遇到共同难题时，50.76%的教师采用的是直接讲解，15.9%的教师会让学生独立思考，29.55%的教师会让学生共同讨论，3.79%的教师经常会认为超出考试大纲，置之不理。

当然，教师非圣人，教师在课堂上偶尔也会犯错误。在调查中笔者发现，当教师教学出现错误时，大部分学生会在课堂上举手提出错误。而大部分教师也表示，喜欢课堂上学生提出疑问，而且65%的教师认为只要学生提出的意见有助于提高学习成绩，都可以接受；35%的教师认为不管学生提出何种意见，都应该肯定学生敢于提出不同意见的勇气。

6. 调查中师生评价存在分歧

在此次调查中，笔者也发现一个有趣的现象：在评价同一课堂环节时，师生间发生了分歧，如："完成实验，进行小结"这个环节，66.7%的教师认为自己多采用的是教师引导，学生自己总结需掌握的知识，而大部分学生则反映教师通常采用的方式是"自己讲"，没有给予学生回忆、表达空间。笔者认为，这是面对新课标改革，部分教师还不能够正视教学过程中存在问题的表现。

7. 学生心中理想的教师和实验课堂

笔者还采用访问、谈话的方式了解到学生心目中的教师应该不伤害学生自尊心、对学生一视同仁、有耐心、尊重关心学生；大部分学生希望实验课堂主要是以教师为主导，学生为主体，师生关系民主、互动、融洽；大部分学生向往的化学实验教学是通过教师引导，进行分组实验，讨论交

流，归纳分析，他们希望自己动手操作实验，体会实验的快乐。

（三）调查结果评价与建议

通过上面的整理、分析，笔者认为，化学新课标"互动式"实验教学目前还处在尝试、发展阶段，很多方面仍不成熟，无论是教师的教还是学生的学，都有待进一步研究和改善。

实现真正的"互动式"教学，有赖于师生双方的共同努力。教师应该放弃传统的填鸭式教学，不能只注重学生对实验原理、实验现象、实验步骤的机械掌握，而忽视实验对学生认知的重要性。同时学生也应该放弃传统的机械接受学习，变被动学习为主动学习。

新课程在实施过程中，提倡互动学习、合作学习。通过此次调查，笔者认为教师应该充分信任学生的学习能力，给学生自我展示的平台。上课前确保让学生明确学习目标，有利于避免交流互动的盲目性。课堂上善于创设情景，加强师生、生生互动交流，激发学生思维，帮助学生扫清知识障碍，理清思路，掌握知识。通过实验互动，教师引导学生探究、思考，培养学生分析、解决问题的能力以及团队精神。多鼓励学生，增强学生自信心，让学生在课堂上敢于表达自己的独特见解。面对困难时，教师引导学生进行思考、讨论，指导学生学习方法，使学生乐学、会学。在学习完某个实验时，必须进行归纳总结，这个环节最好由师生共同完成，让学生先讲，教师再补充，保证知识点的完整。

面对新课程改革，很多教师都意识到应该从讲台上走下来，与学生共同完成教学任务。从传统教学到新课标教学的转换，需要一个过程。在这个过程中，教师会面临着很多困难和挑战。无论如何，教师都应该勇于正视自身存在的问题，只有发现问题，正视问题，才能更好地找到解决方法，让自己不断进步。

三、"互动式"有效实验教学的思考与建议

通过对中学化学实验课堂教学现状的调查了解以及对"互动式"化学课堂实验教学的认识，笔者根据自己的学习和教学体会，提出有效化学实验课堂教学的方法与途径。

（一）通过实验互动引起学生思考，变"教"为"导"，变"接受性学习"为"自主性学习"

新课标教学要求教师转变传统的教学习惯，从传统的知识传授者，转变成为学生学习活动的引导者、参与者、组织者，调动学生的积极性，让课堂成为学生自主学习的快乐场地。在化学实验教学中，教师可以通过互动，引导学生自主阅读相关材料，利用师生、生生间的交流，让学生尝试运用已有的知识解释实验现象，从而达到自主学习的效果。

（二）通过实验互动，激发学生的创新思维

每个人都有丰富的潜能，一个优秀的教师不仅懂得如何正确引导学生，还应该与学生进行心灵上的交流，创设和谐、轻松的课堂气氛，使学生处于振奋的心理状态中，充分激发学生的积极性和创造性，让学生受益终生。化学实验课堂应充分发挥实验的功能，让学生在对知识的认识基础上，充分调动思维，主动进行交流，使不同的思想互相碰撞，产生火花，进而促使学生自我反思，吸收他人的正确观点，使自己的理解更加丰富与全面。

（三）通过实验互动，引导学生体会掌握化学知识对比、迁移的有效学习方法

中学化学的特点之一就是知识点较为零碎，多数学生反映化学知识点多，容易混淆记忆。在教学中，教师应善于运用知识迁移的方法，借助学生对旧知识的认知，引导学生对新知识的学习。通过对比，既能够帮助学生找出知识点间的联系，体会化学知识的结构性、系统性；又能够找出知识间的区别，加深记忆，何乐而不为？但是，在引导学生学会知识迁移的同时，教师要充分发挥主导作用，明确知识间的异同，避免产生负迁移。

（四）通过实验互动，引导学生体会"生活—化学—社会"的学科特点

化学是一门与人类社会密切相关的学科。在教学过程中，教师应该引导学生感受化学来源于生活，引导学生关注社会，培养学生应用化学知识解释生活中化学现象的能力，真正认识到"从生活走进化学，由化学走向社会"的学科特点。在化学实验课中，教师可以通过实验，结合交流互动，使学生真正感受到化学学习的实用性和必要性。

四、总结与思考

"互动式"教学是新课标背景下一种新的、有效的课堂教学方式，它不同于传统的"单向教学"。通过师生、生生互动，活跃课堂气氛，学生思维发散，能力提高。但与此同时，它对教师的教学能力、控堂能力也提出了更高的要求。上课前，教师要做好充分的准备，如实验用品的准备，组织学生做好预习，保证学生学习目标的明确性，认真备课[4]，把握主题等，才能正确引导学生讨论学习；上课时，交流的问题应与课堂教学紧密联系，引起学生的兴趣，激发学生参与活动的内在动机，调动他们的积极性和主动性。教师应多提出开放性、推理性的问题，激发学生的发散思维和创新精神。同时安排好教学活动，善于运用肢体语言控堂，让学生"动得起，静得下"[2]。同时还要及时给予学生鼓励评价[2]，给学生敢于自我表达的勇气。课堂即将结束时，教师应善于引导学生进行知识总结，帮助学生理清知识脉络。课后，教师还应该采用谈话、作业等形式对学生掌握知识的情况进行了解、检验，进而对教学活动进行总结和反思，以便下次更好地进行"互动式"教学。通过这样的"探究—实践—改进"的实施方式，达到真正提高课堂有效性的目的。

参考文献

[1] 黄永炎. 成人教育课堂教学有效性探究 [J]. 成人教育, 2010 (30).

[2] 王新华. 改革实验课教学，形成师生互动机制 [J]. 内蒙古石油化工, 2003 (3).

[3] 高国忠. 互动式教学法在中学课堂教学中的运用 [J] 沧州师范专科学校学报, 2006 (1).

[4] 何庆丹. 课堂"有效教学"探究与实践："历奇"活动在初中地理课堂教学运用体会 [J]. 广东青年干部学院学报, 2010 (79).

（本文发表于《韶关学院学报》2017 年第 2 期）

当老师真好

关于化学知识学习过程中负迁移矫正策略研究

文剑辉

迁移在教学理论系统上是指学习上的一种继承和影响，分为知识理论上的迁移和技术上的迁移，是一种隐性经验。通过学习掌握知识，形成隐性知识，并对以后的学习产生影响的称为顺向迁移。[1]而通过后续的学习得出的隐性知识对先前学习的知识进行的反馈影响称为逆向迁移。正迁移是指在学习时受到已有隐性知识的影响，产生正效用，在学习中提高效率，包括正顺向迁移和正逆向迁移。而负迁移是指隐性知识对知识学习产生了曲解，从而对新知识的学习或对先前的知识学习产生负作用。

化学知识学习中的负迁移是指在新知识的学习中，已有的隐性知识对现有的知识学习产生曲解和干扰，或新学习得到的隐性知识对先前的知识学习产生曲解和干扰。

研究教学中的迁移问题，尤其是对负迁移的矫正策略教学研究，可以促使教师在教学的过程中提高教学效率，从而尽量避免产生负面的干扰，在教学过程中起到积极引导的作用。[2]

一、化学知识在教学中存在的负迁移问题

通过笔者调查发现，在学生化学学习知识的过程中，负迁移表现为以下这几点：

（一）概念定式的负迁移

在新化学知识的学习过程中，由于旧知识概念记忆牢固，对新知识中相似概念的了解产生干扰。例如在"原电池"和"电解池"工作原理的学习过程中，就会彼此产生概念定式干扰，从而产生不良影响。

（二）化学概念中的负迁移

例如，化学知识中"糖""盐""酸"与学生日常生活中接触的"糖""盐""酸"有本质上的区别。由于学生在社会生活中长时间接触这些，对"糖""盐""酸"产生了认知的一种思维定式，导致在新化学知识的学习中沿用之前生活中的思维定式来认知关联，产生负迁移的影响。

（三）新旧知识的区分负迁移

由于新旧知识点的相似性，既有相同点又有不同点，在学习过程中由于知识体系不牢固而混淆概念，产生负迁移影响。例如"电解"和"电离"，两者都是在溶液中，都有阴、阳离子的运动。不同之处在于电解是化学反应，需要通电完成；电离是离解为自由移动离子的过程。在新旧知识的学习中区分这两个知识点的时候，由于知识的相似性和记忆的不牢固，就容易产生负迁移。

二、化学教学中的矫正对策

针对以上出现的负迁移的问题，可以采用以下几点教学策略。

（一）情境引导

情境引导是指在教学过程中，教师通过设立特定疑问，激发学生思考，调动学生兴趣，引导学生进入教学问题情境。心理学认为，认知过程并不是简单的填鸭式信息输入，更重要的是认知主体对知识的欲望和期待。唯有认知主体对知识产生一种强烈的需求欲望的时候，最能激发大脑中认知的部分，从而最有效地构建新的知识体系，建立同化并破解当下情境。[3]因此，化学教师在教学过程中，可通过设立特定问题情境，来吸引学生解决问题，调动学生的思维，引导学生学习新知识和正确构建知识体系。

（二）反例强化

在化学教学过程中，教师可以通过采用前人对化学知识总结的规律，来指导学生对化学知识的学习掌握，全面提升学生的化学素养。所以，在日常教学中教师利用规律梳理知识结构，可以起到事半功倍的效果。但是，由于在规律假设的背后，存在或多或少的反常现象，即反例；如果在教学过程中没有注重反例的解释说明，就会使学生在学习化学知识的过程中产生负迁移。因此，教师在归纳知识点规律的时候，需要结合规律中的反例进行说明，指出每个规律的假设条件，并举出实例说明该规律的反常现象。如果教师只片面强调规律应用性，而忽视规律的特例，就容易在教学过程中产生负迁移。例如：在化学教学中，我们指出"失去电子较难的原子，它得到电子一定容易"这一规律时，需特别强调"稀有气体既难得到电子也难失去电子"。否则，这一规律在学生的知识结构中就会产生曲解，并有可能对以后知识的摄入产生干扰，即负迁移。

（三）强化基础

前面已经提出由于基础知识的不牢固，在教学过程中新知识与旧知识相互碰撞、干扰是产生负迁移影响的重要原因。因此，教师在课堂教学过程中，需要强调基础知识的重要性，不断强化和巩固基础知识。这要与简单的题海战术或填鸭式教育区分开来，应该利用生动的教学方式促进师生的互动交流，达到思维的同步性，进而强化、巩固学生对基础知识的认识，从而提高学生的化学理论素养，引导学生形成正确的思维模式。

三、化学知识学习中负迁移的矫正策略

化学知识学习过程中产生负迁移影响的主体是学习者。因此，在研究矫正策略的时候，应当对这一角色进行重点研究，以减少化学知识学习过程中的负迁移影响。

（一）知识类比学习

类比学习策略是指学习者在学习化学知识的过程中，将新的知识与认知中固有的知识作比较，找出相近知识的相同点和差异，对知识重新整合认知的一种学习策略，是有效突破自己旧有知识结构体系，产生新认知的有效手段。[4]

学习者在接触新知识点的时候，由于对所学的知识难以理解，无法形成高效牢固的学习效果。这时候就需要学习者采用类比的思维方法，调动以前学过的内容相似的知识点，自主学习，自主认知、归纳。在采用类比思维学习的时候，由于学习者经验的不足，往往只停留在对知识简单的对比层面上来记忆，而没有进行深入的剖析，导致类比学习方式效果不理想，甚至出现负迁移。因此，在实际的学习过程中，学习者必须深刻认识知识的要点、重点，抓住关键词语，既要注重细节又必须把握整体，通过情境的迁移来发散思维，看透知识的本质，从而建立联系，巩固知识体系。例如在学习"能量守恒定律"的时候，与"质量守恒定律"建立类比，它们字面上相近，内容上"总量"守恒不变，通过两者的类比，能够有效地建立知识构架，增强学习效率。

（二）知识分解学习

在较复杂的知识体系的学习中，所涵盖的知识结构体系紧密复杂，这就需要按照一定的方法、原则进行知识点的分解，从而把整体结构转换为层次结构，进而实现知识点的细分化、层次化，有利于学习者吸收、掌握。只有把琐碎的知识系统化，把系统的知识层次化，化繁为简，化整为零，大而化小，难而化简，再各个击破，才能实现分步化解学习吸收的目的。在分解的时候需要注意一个原则，那就是分解的合理性。要认识到分解的目的在于更好把握知识的精要和内涵，应该抓住知识关键的联系节点，做到庖丁解牛，游刃有余。首先，对知识进行整体性的分析，明确其关键节点再进行分层，层层之间要保证较好的逻辑联系；其次是目标归纳，学习者在对已分解知识体系进行逐层有效学习之后，应当及时进行联系总结，形成自己的知识结构，并与之前未分解的知识体系相对照，避免分解错误产生负迁移。实现知识点分解过程环环相扣，既需要学习者有良好的学习素养，也需要学习者紧抓问题的关键点，才能将知识化繁为简，达到规避知识学习过程中的负迁移的效果。

（三）知识逆推学习

知识逆推学习策略是指在学习化学知识时采用逆向思维记忆模式，采用反向的记忆方式，由现象逆推出其限制条件，采用自下而上的反向思维学习知识的一种学习策略。在高中阶段，有些化学知识复杂烦琐，按顺序用限定条件进行知识推导容易与之前所学的知识混淆，受到干扰。所以在这种情况下，采用逆向学习策略，由结论呈现的现象倒推出限定条件，既能加深特定条件对结论的影响的认识，又能使结论更加巩固。在逆向学习的过程中能区分、整合之前所学的知识，实现去伪存真，达到更显著的学习效果。

（四）知识反思

知识反思策略是指在学习知识的过程中，学习者不断地对自己构建的知识体系进行自我回顾、检查、重新整合的自我审视、批判的过程，是一种自我矫正的学习策略。

化学知识学习的过程是构建一个相对完整的学科体系的过程，因此需要学习者不断地进行自我监控、调整，重新整合知识，形成紧密联系的知识体系。事实上，具备较系统牢固的知识体系是解决化学问题的前提。因而自我审视，构建自有的知识体系在日常学习中就显得尤为重要。知识反思是完善自我知识体系的关键环节，只有构建良好的化学知识体系，才能在学习过程中有效避免负迁移。因此，学习者要加强学习过程中的知识反思。

知识反思学习要求学习者在学习新知识点的时候，不断地调动自己原有的知识体系进行拆解，与原有的知识体系建立对接联系；同时在已建立联系的知识点上进行反复的验证，不断地推倒旧联系、建立新联系，最终提高学科素养，避免负迁移。

学习者要通过不断的反复提炼，经过长时间的归纳总结，提炼出适合自己思维模式的知识体系，以应对不同的化学问题。

参考文献

[1] 叶堃鹏. 学习迁移视域下的高中化学教学研究 [D]. 福州：福建师范大学，2015.

[2] 宋志勇. 化学教学迁移能力培养的理论基础研究 [J]. 教育教学论坛，2013（7）.

[3] 何群. "引导自学法" 在高中化学教学中的应用 [J]. 新课程（中学），2015（4）.

[4] 黄红英. 基于类比教学的高中化学工业流程题解题策略的实践研究 [D]. 上海：上海师范大学，2015.

翻转课堂在化学实验中的应用探索

文剑辉

网络技术和多媒体技术的高速发展和普及推动了信息技术在教育领域的应用。新的混合学习模式不断涌现，翻转课堂便是其中的代表。其诞生之初，就引起了美国教育界众多学者的追捧。经过多年的实践和推广，翻转课堂已成为新型混合学习模式的研究热点。翻转课堂颠覆了传统的教学模式，其基本思路是采用网络学习和互动的方式让学生在课前有针对性地完成知识的吸收，而教师则利用大量的课堂时间，通过组织学生活动、差异化解答问题等方式巩固和拓展知识。它是一种将传统课上教学过程与课下学习活动进行转换的新型教学形式。[1]

一、翻转课堂教学模式简介

（一）翻转课堂教学模式的国外研究现状

翻转课堂模式（Inverted Classroom 或 Flipped Classroom）作为新型混合学习模式的代表于 2000 年被提出。2007 年，美国科罗拉多州 Woodland Park High School 的化学老师 Jonathan Bergmann 和 Aaron Sams 制作含有教学 Power Point 演示文稿和讲解声音的视频，并将其上传至网络，以此为缺席的学生补课。学生的良好反馈使得这一教学实践得到广泛的关注。在这期间 Khan Academy 创始人 Salman Khan 发展并推广了这一教学理念，他在 2011 年 TED 会议上发表的"让我们用视频重新创造教育"演讲，大大提升了翻转课堂的知名度。[2]2012 年 6 月，美国教育咨询公司 Classroom Window 发布的一项调查报告揭示了翻转课堂的应用价值，报告显示：88% 受访教师表示翻转课堂提高了他们的职业满意度，67% 受访教师表示学生标准化考试成绩得到提高；80% 受访教师声称学生的学习态度得到改善；99% 受访教师表示下一年将继续采用翻转课堂模式。[3]目前，翻转课堂已渗透至美国的小学教育、中学教育和大学教育，被越来越多的学校接受，并逐渐发展为全球教育教学改革的新趋势。

（二）翻转课堂教学模式的国内研究现状

在国外掀起翻转课堂教育改革浪潮的同时，国内的众多学者也开始逐步关注这一教学模式，并对其进行相关的研究。以中国知网收录的文献数为例，主题为"翻转课堂"的文献在 2011 年以前几乎没有。而 2012 年到 2015 年这 4 年间，相关文献数量由 23 篇升至 4 799 篇，实现了每年几倍数量的增长。从检索到的文献内容来看，除了对翻转课堂原理的阐述外，还有对模式的构建，对策略以及启示的研究，更多的是对实践应用的分析，说明我国的教育工作者对"翻转课堂"已经从关注上升到实践的层面上来。其中硕博论文有 310 篇；在教育领域核心期刊（如《电化教育研究》《中国电化教育》《中国远程教育》《现代教育技术》《开放教育研究》《远程教育杂志》《现代远距离教育》《高等工程教育研究》等）中发表的论文有 470 篇；两项占论文总数的 12% 左右。可见，在国内该领域已经开展了一些较深入的研究，但研究的广度和深度还不够。[4]目前制约国内翻转课堂的研究及实践的因素主要体现在以下几个方面：①教学规模的限制，我国大部分班级属于大班教学，教师无法关注到每个学生，满足其个性需求，并且师生、生生之间的交流也受到了很大限制。②信息技术支持匮乏，在我国远远达不到每个学生配备网络教学，无法满足翻转课堂实施需要的信息技术支持。③教师的观念制约，教师不能完全秉持以学生为主体的教学理念。④学生自主能力不足，翻转课堂有效实行的关键，在于学生有较强的自主学习能力，但目前大多数学生的学习还是需要家长的督促，学生缺乏自我控制能力。⑤评价标准缺乏，我国现有的教育评价还是以分数、升学率作为评价教师、学生、学校的重要标准，对学生的个性、学习态度动机评价仍需不断完善。[5]

（三）传统教学模式的弊端

学生的学习过程可分为两部分：知识传授和知识内化。课堂上，教师将知识传授给学生，而课下学生则复习知识点并完成作业，将知识内化。传统课堂往往只重视知识的传递，而忽视学生吸收、内化知识的过程。可见，传统教学本身存在着一些局限性：第一，未能做到因材施教。传统的课堂教学由于群体教学和个体差异的矛盾导致其具有一定的缺陷。把不同特质的学生按照统一固定的模式进行培养，严重忽略了学生的个性化发展。第二，重理论轻实践。传统教学比较看重学生的文化知识掌握水平，在教学时重视知识的接受、记忆，轻视知识的探究与应用。这种将学习内容抽象化、忽略学生真实体验的做法，需要学生进行反复的机械记忆，在降低学习效率的同时，弱化了学生的动手能力，严重阻碍了学生的全面发展。[6]第三，重理性轻感性。传统教学以教师课堂讲授为主，所以更加重视学生的理性思考能力、解题能力，从而导致教学凭空追求理论化、抽象化，不利于学生对知识的掌握。教育心理学研究表明，学生掌握知识的过程是一个感性认识和理性认识相结合的过程。如果学生的感性认识不足，那么学生掌握书本上的概念、公式、原理等就比较困难。第四，重结果轻过程。传统教学中，教师往往将解题步骤整理好直接告诉学生，虽然节约了时间，但是间接经验并不能促进学生的理解，更无法锻炼学生独立思考的能力，不利于学生智力和个性的长久发展。[7]

（四）翻转课堂教学模式的特点

与传统的课堂教学模式相比，翻转课堂将知识传授和知识内化这两个重要阶段进行重构，其特点主要表现在以下三个方面。第一，师生角色的转变。教师从传统的知识传授者转变为知识的促进者和指导者，因此他们的教学技能也随之提高，包括利用新兴网络媒体软件制作适合学生自主学习的教学资源、运用新的教学策略指导学生、通过及时跟踪学生的学习效果来调整教学设计等。此外，学生从被动的知识接受者转变为主动的知识研究者，可以在学习的时间、地点、内容等方面做出适合的选择，并根据自己的学习情况有针对性地与教师或同学进行交流讨论，真正体现了学生的学习主体性。第二，课堂时间的重新分配。翻转课堂在不减少教学内容的基础上，最大化学生的知识预习时间和内化时间，很大程度上提升了课堂的有效化教学。第三，高效的学习资源。教师基于学生学习情况制作的教学资源，不同于普通的教学视频，更具针对性，可大大提高学生的学习效率。[8]

翻转课堂所具备的特点，决定了这一教学模式能够真正地发挥教师教学的主导性和学生学习的主体性，从而改善学生的学习效果，提升教师的教学效率。它是一个有效克服传统教学模式不足的教学形式。

二、化学实验翻转课堂教学模式的应用探索

化学是一门以实验为基础的自然学科，化学实验在化学教学中占据十分重要的地位。然而，在传统的实验教学中，学生课前无法做到有效地预习，课中动手操作实验的时间又较少，导致实验教学效果并不理想。将翻转课堂教学模式应用到实验课中，能够让学生在课前高质量地学习相应的实验知识，从而减少教师的授课时间，这样便可留给学生更多的时间进行

实验、探究和交流。作为一个较理想化的教学模式，翻转课堂在实施过程中需要考虑众多关键的因素，如：教师制作或收集的教学资源的质量；学生课前自主预习的有效性；学生学习效果的检测；课后的反馈评价等。本文将结合国内外已有的翻转课堂教学模式，针对化学实验课程的特殊性，结合"胶体的制备及性质实验"实验课，谈谈对化学实验翻转课堂教学模式的理解和应用。

（一）胶体的制备及性质实验教学相关内容

胶体的制备及性质实验是经典的化学实验，其要求学生掌握实验室制备氢氧化铁胶体的实验操作技能和方法，并通过实验探究胶体的渗析、凝聚和丁达尔效应等性质。除此之外，教师在实验过程中还应激发学生学习化学的兴趣，提高他们的积极性和主动性，着重培养和发展学生的实验能力、思维能力和创新能力。而教学的重难点则在于实验操作技能及学生能力的培养。

（二）基于翻转课堂的化学实验教学

课前，教师收集或制作《胶体的制备及性质实验》教学资源并上传至教学平台。考虑到学生在课外的学习时间和精力有限，该教学资源必须以小而精为原则，最好选用长度10分钟左右的微视频，保证学生自主预习时间与课外作业时间相对应。此外，学生课外学习环境比较宽松，注意力相对容易分散，为了确保学习的有效性，教师可以选取较为生动、较有吸引力或者任务型较强的教学资源。学生根据自身情况，选择合适的地点、时间观看教学视频、实验课件、仪器使用方法及实验注意事项等相关的内容。这一环节是翻转课堂的关键，自主预习的成功与否关系到课堂活动是否能够顺利进行。由于学生的课前预习活动教师相对难以掌握，且遇到的问题也难以及时得到解答。这种情况下，教师可选取与实验内容相关的习题，在学生完成预习后进行测试，并实时获得测验结果。[9] 学生也可利用平台与其他同学进行问题的讨论。教师在获得反馈结果后，针对学生的学习情况，对课堂时间进行安排分配，优化实验内容。

课中，课堂活动已是一个知识内化的过程。由于知识的吸收已经在课前自主预习环节完成，此时，教师只需要利用几分钟的时间讲解实验的关键步骤即可。学生以小组为单位进行实验，教师要根据学生的预习和实验情况采用一对一的方式指导学生。在进行胶体的性质实验后，教师将学生分为几组，分别探索影响胶体生成的因素：氯化铁溶液的浓度、加热时间、溶剂的纯度等。学生通过小组内的交流讨论，设计实验方案，完成实验探索，如：对比氯化铁稀溶液与氯化铁饱和溶液的实验效果；观察胶体生成后长时间加热的现象；采用自来水配制饱和氯化铁制备胶体等。实验结束，学生应对胶体实验有了更为深入的了解，小组代表将实验结果汇报给教师并分析实验现象及其发生的原因，教师则对此进行点评和知识拓展。此外，还需要注意因材施教，为学有余力的学生设计难度更高的具有提升意义的习题，如：制备胶体的方法有哪几种？本次实验所采用的是哪一种？

课后，学生完成实验报告，并通过网上平台与同学交流讨论，复习巩固所学知识点。教师则批改实验报告，反思实验课程，及时通过交流平台与学生沟通讨论存在的问题。翻转课堂是一种新的教学模式，是对传统的教学过程的挑战，因此课后的反馈与反思在其实施过程中是十分必要的。虽然翻转课堂的优点有很多成功案例的支撑，但其中也存在众多问题，如：不同类型的课具有不同的特点，翻转课堂是否都适合不同的知识类型？如何高效地发挥翻转课堂的效用？以上问题还需要在实践中不断地总结和摸索。因此，通过反馈和反思，教师可以掌握到学生是否能够适应这种教学模式，从中发现问题并不断调整和修正教学策略。[10]

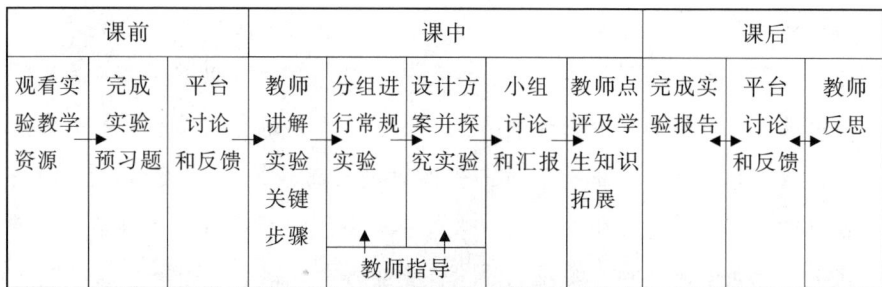

课前			课中					课后		
观看实验教学资源	完成实验预习题	平台讨论和反馈	教师讲解实验关键步骤	分组进行常规实验	设计方案并探究实验	小组讨论和汇报	教师点评及学生知识拓展	完成实验报告	平台讨论和反馈	教师反思

教师指导

图1　翻转课堂实验教学基本模式

三、结语

总之，翻转课堂教学模式有效地连接了课前知识预习和课堂知识内化，实验课前的有效预习为课堂的高质量实验探究夯实了基础，较大程度地提高了教师的教学效率和学生的学习效率。互联网的普及和计算机技术在教育领域的应用，为翻转课堂教学模式的实行提供了强有力的支持。作为一种全新的课堂教学模式，翻转课堂颠覆了传统教学的固有模式，为信息时代的教与学提供了新的思路和新的方式，是现代信息技术发展条件下教学改革的重大突破。

然而，国内的翻转课堂教学模式才刚刚兴起，虽然有研究者和实践者的广泛关注和认可，但是在很多方面的研究尚处于起步阶段，有诸多的问题亟待解决，如：教师的传统教学模式理念的转变，教师的现代化教育信息技术的提升，学生的自主学习能力的不足，学生的个性化跟踪和反馈评价机制的不完善等。如何让翻转课堂教学模式更好地运用到中学化学实验教学中，还需要教育研究者在实践过程中不断地探索。

参考文献

[1] 王春. 基于"翻转课堂"教学模式下的同课异构：以"化学平衡常数的应用"为例 [J]. 化学教学，2014 (9)：47-50.

[2] 王新. "颠倒的教室"与高中化学教学改革研究 [D]. 济南：山东师范大学，2014.

[3] 张渝江. 翻转课堂变革 [J]. 中国信息技术教育，2012 (10)：118-121.

[4] 曹晓粉. 翻转课堂教学模式的设计与应用研究 [D]. 济南：山东师范大学，2015.

[5] 程洋洋. 翻转课堂中过程性教学评价指标体系的构建与应用研究 [D]. 昆明：云南大学，2015.

[6] 何文涛. 翻转课堂及其教学实践研究 [D]. 新乡：河南师范大学，2014.

[7] 陈怡. 基于混合学习的翻转课堂教学设计与应用研究 [D]. 武

汉：华中师范大学，2014.

　　［8］谢娅.中学物理翻转课堂教学理论及实践研究［D］.武汉：华中师范大学，2014.

　　［9］黄敏文，彭秋霞.翻转课堂在中学化学实验教学的应用探究［J］.广东化工，2014（13）：293.

　　［10］徐妲.基于翻转课堂的化学实验教学模式及支撑系统研究［J］.远程教育杂志，2013（5）：107－112.

（本文发表于《广东化工》2017年第5期）

三、我的"教研观"

我的"教研观"是：

坚持"两条腿走路"，教学、教研才能走稳、走远；"请进来、走出去、校内磨、自己学"是教师增强自身教学素养、提高教学水平的好方法。

有一件事，虽然表面看起来跟教研、教学一点关系都没有，但对我教研观的确立影响很大。那是 1974 年，我 17 岁，刚刚高中毕业。那时是"文化大革命"的后期，国家还没恢复高考，我只能回乡当农民，当时被称为"回乡知识青年"。

有一次，生产队长带我们几个年轻人到山上去砍柴开荒，开辟茶园。作为一个年轻人，我做起事来十分卖力。第一天，我砍了 18 棵树，队长表扬了我。第二天，我干得更加起劲，但是我只砍了 15 棵树，队长还是表扬了我。第三天，我加倍努力，结果却仅仅砍了 12 棵树。我觉得很惭愧，跑到队长跟前说："队长，我自己好像力气越来越小了。"队长问我："你上次是什么时候磨斧子的？""磨斧子？"我很诧异地说，"我天天忙着砍树，哪里还有时间磨斧子！"

队长很温和地对我说："你试试，其实'磨刀不误砍柴工'。"在队长的启发下，我放工后回家磨了斧子。隔天，砍柴时觉得省力了，工作效率也提高了，我很高兴。由此，我懂得了"砍柴"与"磨刀"的关系，很佩服队长，他虽然不是一个教育工作者，但他简单的一句俗语，让我懂得了

"磨刀"的道理。

其实，"磨刀"与"砍柴"的关系和"教研"与"教学"的关系是一样的。针对当前部分老师只重教学、轻视教研的问题，在教师培训或教研会议上我表达了自己的观点："教学"与"教研"，就像我们两条腿走路。如果我们把左腿比喻为"教学"，把右腿比喻为"教研"，那么现在相当部分的老师仅仅重视备课、上课、批改作业等教学工作，也就是说只用左腿（教学）走路，右腿（教研）不走或跟不上。单凭左腿走路能走多远？因此，我有三个教研观点：

一是要坚持"两条腿"走路：以教带研，以研促教，教研并举。

二是以不变应万变，因为万变不离其宗。我们要以不变的心态，也就是以执着、认真的态度对待教学和教研工作，保证时间和精力的投入。这样，即使课程标准、教育理念、教学模式等被修改或发生新的变化，我们都有淡定的心态和应对的定力通晓这些"变化"。纵观国外和国内各种各样的教育理念和教学模式，各有特色，各自精彩，但我们只要细细品味一下，就会觉得在教学过程中，就教师与学生各自的角色与任务来说，都离不开这一规律：以学生为主体，以教师为主导。作为教师，如果理解了这一道理，就不会面对"五花八门"的教学模式而莫衷一是。反之，可以在教研和教学过程中游刃有余，"八仙过海，各显神通"。

三是教研工作的具体方法采用"请进来、走出去、校内磨、自己学"的基本做法。这些做法，通过实践，特别是韩山师范学院附属实验学校这几年的教研实践，被证明是行之有效的好方法。

（1）"请进来"：邀请在教育、教学等方面有丰富经验的专家、教师来校传经送宝，介绍教研做法、指导具体工作，并结合学校本身的实际情况，参透落实、为我所用。

（2）"走出去"：主动地、有计划地带领教师走出去，向兄弟学校的教师学习。通过实地考察，交流探讨，到达取长补短、共同提高的目的。这是教师开阔眼界、提升自己的好办法。

（3）"校内磨"：有计划、有步骤地开展校内教研活动。以教研中心为指导、以各学科教研组为主体、以校本研究为主要内容，组织各种丰富多

089
中编 我的教育思考及教研成果：全面育人 精致育人

彩的教研活动，促进教师形成教研的常规意识，优化教研方法，提高教研效果。

（4）"自己学"：想方设法引导、鼓励教师增强自我学习、自我提升意识，形成"边干边学、以学促干"的良好学习习惯。

四、我的讲座内容要点

讲座是我开展教研、教学工作的一种活动形式，是我教育生涯的重要组成部分。我对学生、教师、党员和干部等群体开展专题讲座有 200 多场次，其授课形式和内容受到学员的普遍欢迎，不少教育同行和社会人士是通过听了我的讲座而认识我、认可我的。下面，我把部分讲座的内容要点进行整理，当作是对大家的一种汇报。

（一）怎样做一名有滋有味的"好老师"

讲座要点：

做一名有滋有味的"好老师"要做到：①心中有理想；②身上有热情；③手中有书本；④工作有心思；⑤生活有色彩。

（二）孔子的教育思想对现代教育的启示

孔子的教育思想对
现代教育的启示

主讲人：文剑辉

讲座要点：

①孔子其人；②孔子的教育思想；③孔子的教育思想给我们的启示。

（三）漫谈"优质课"

漫谈"优质课"？

主讲人：文剑辉

讲座要点：

①要"以学生为本"（教学对象）；②要"依标靠本"（教学依据）；③要"生动有趣"（过程、方法）；④要"随机应变"（教学机智）。

（四）怎样应对课堂教学的新挑战

怎样应对课堂教学的
新挑战

主讲人：文剑辉

讲座要点：

①思想上要重视；②观念上要更新；③教法上敢创新；④教研上多探究。

（五）新课标要实施了，老师们准备好了吗

新课标要实施了
老师们准备好了吗

主讲人：文剑辉

讲座要点：

①时间紧，影响广，怎么办；②意义大，要求高，怎么做；③重点清，变化明，怎么用。

（六）新课标实施过程中有关问题的思考与探讨

讲座要点：

①新课标（2022版）实施了，好像课本内容变化并不大，为什么？②既然课本内容变化不大，是否可以按以前的方式备课、上课？③怎样撰写教学设计、确定教学目标？

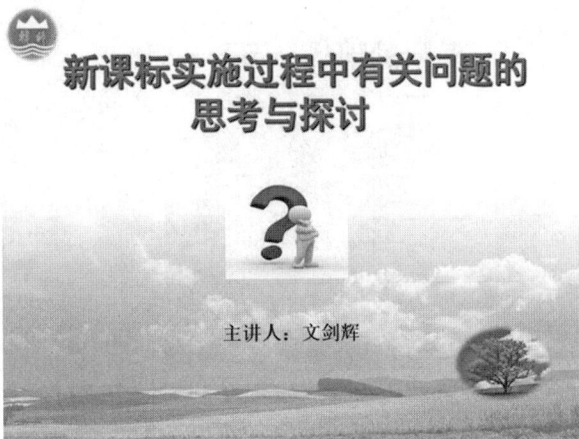

（七）怎样做好教育高质量发展的思想引领

讲座要点：

①办学思想要"高站位"；②思想引导要"接地气"；③教研思想要有"实用性"。

（八）教学研究的现状、问题与对策——"合作探究教学"之我见

教研的现状、问题与对策
——"合作探究教学"之我见

主讲人：文剑辉

讲座要点：

①现状与问题；②对策与做法；③反思与调整。

（九）关于校本研修活动模式及其实施的思考

关于校本研修活动模式
及其实施的思考

主讲人：文剑辉

讲座要点：

①为何要开展校本研修；②何为校本研修；③怎样开展校本研修。

(十) 做一名全面发展的好学生

讲座要点：

①全面发展的内涵；②全面发展好学生的要求；③怎样把认识变为行动。

做一名全面发展的好学生
主讲人：文剑辉

(十一) 不做"差不多"的学生，要做更好的自己

不做"差不多"的学生
要做更好的自己
主讲人：文剑辉

讲座要点：

①要有理想、目标；②要有学习榜样；③要讲究学习方法；④要珍惜学习时间；⑤要坚持锻炼身体。

（十二）怎样应对人生的困难与挫折

讲座要点：

①把困难与挫折当作人生的必修课；②应对困难、挫折要讲究方法；③防范挫折要勤思、理性。

（十三）友谊与成长同行

讲座要点：

①以真诚建立友谊；②以热情培养友谊；③以宽容维护友谊；④以原则纯化友谊。

（十四）我想对家长说……

讲座要点：

①要高度认识教好孩子的重要性；②要引导孩子养成良好的学习、生活习惯；③要与孩子一起学习、成长。

（十五）家长怎么说，孩子愿意听

讲座要点：

①要尊重孩子——认真倾听和对待孩子提出的问题；②要理解孩子——支持孩子的合理要求；③要为孩子做示范，出点子——多陪孩子，当好榜样；④要学会批评，更要善于赞扬；⑤要善于选择说话的切入点——营造良好的谈话范围。

（十六）班主任工作之我见——当好班主任要做到"五个有"

班主任工作之我见
——当好班主任要做到"五个有"

主讲人：文剑辉

讲座要点：

①心中要"有父母心"；②身上要"有真功夫"；③手中要"有好书本"；④工作要"有好心思"；⑤生活要"有好色彩"。

（十七）优秀教师成长"三部曲"

优秀教师成长"三部曲"

主讲人：文剑辉

讲座要点：

①适应期（1~2年），目标：做一名合格教师；②成长期（3~5年），目标：做一名"好老师"；③成熟期（6~10年），目标：成长为一名优秀教师。

（十八）校长在学习中成长

讲座要点：

①为何要学习；
②学什么；③怎样学。

（十九）闻过则喜　闻喜思过——师德师风漫谈

讲座要点：

①闻过则喜；②闻喜思过；③踔厉奋发。

（二十）学好党史守初心　增强党性担使命

讲座要点：

①为什么要深入学习"党史"；②学习"党史"要把握好总脉络；③学好"党史"，勇担使命。

（二十一）加强意识形态工作　防范风险　迎接挑战

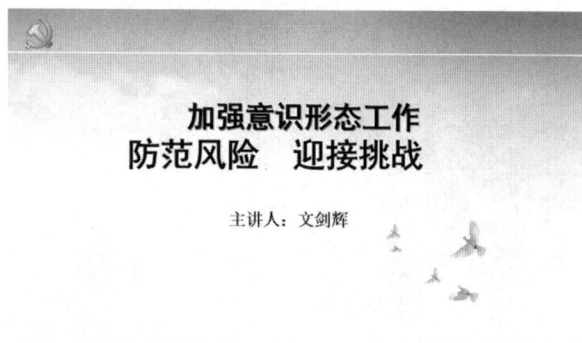

讲座要点：

①什么是意识形态；②意识形态斗争的发展概况；③目前意识形态工作面临的问题及挑战；④占领意识形态阵地，科学应对挑战，防范风险。

(二十二) 弘扬潮汕文化　谱写时代新篇

讲座要点：

①潮汕文化基本概况；②习近平总书记考察潮州；③潮州文化的传承和发扬。

弘扬潮汕文化　谱写时代新篇

主讲人：文剑辉

(二十三) "变"与"不变"——谈谈科任教师与班主任、校长的辩证关系

"变"与"不变"
——谈谈科任教师与班主任、校长的辩证关系

主讲人：文剑辉

讲座要点：

①"变"的是职务；②"不变"的是情怀；③以不变应万变；④两个观点：一是，要当好一名班主任，首先要做一名学生喜欢的科任教师；二是，要当一名好校长，首先是要做一名教师认可的好教师。

下 编

我的教育底色与憧憬：
弘扬正能量 追求真善美

一、热爱生活　向善向美

在信息社会里，有很多方便之处。以前，想表达一下自己的工作体会、生活感受，只能在茶余饭后或在小范围内交流，影响面很小。现在有许多新媒体平台、信息渠道可以让人很方便地进行沟通和分享。比如微信，确实给朋友们、同事们提供了一个丰富多彩的交流平台，大家几乎是每时每刻都可以通过文字、语言、图片、视频等形式进行及时的交流、沟通和分享。

虽然自己年纪大了，对多媒体技术也不是很在行，但在闲暇之时，在思考之中，时常跟着大家赶时髦、凑热闹，在朋友圈里发表不同阶段、不同事件的一些感想、见解和建议。这在一定程度上也反映了自己的世界观、价值观和人生观。我的想法是，通过微信平台，以自己的思考和见解，弘扬社会正能量，追求人间真善美。经过整理，我把 2016 年 3 月以来部分微信内容展示出来，从另一个视角，让读者朋友们了解一名教育工作者的心路历程和生活滋味。

2016 年

2016 年 3 月 17 日

《优秀教师成长之路》终于在暨南大学出版社出版了。向为本书出版给予支持的同事、朋友致以诚挚的感谢！特别是对为本书作序的林伦伦校长表示崇高敬意！

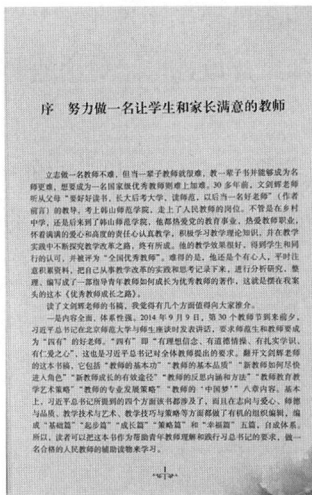

2016年9月9日

我应邀赴潮州市湘桥区厦寺小学进行主题为"不忘初心，做一名有滋有味的好老师"的专题师德教育讲座。下面是厦寺小学发表的新闻稿：

百年大计，教育为本；教育大计，教师为本；教师大计，师德为本。为加强教师的师德建设，迎接教师节的到来，9月9日下午，我校邀请了韩山师范学院组织部部长文剑辉教授为全体教职员工作主题为"不忘初心，做一名有滋有味的好老师"的专题讲座。

文教授从"心中有梦想""身上有热情""手中有书本""工作有心眼""生活有色彩"五个方面对师德、师风建设进行了详细的解读和具体的指导。

文教授用风趣幽默的语言讲述了自身的从教经验和身边的经典案例，整个讲座鲜活生动，通晓古今，引经据典，给教师们带来深刻的启迪和警示，让教师们在今后的教学中真正做到"教书育人，不忘初心"。

2017 年

2017 年 2 月 11 日

逢元宵灯红，品家乡单丛。请诸君雅正，祝佳节快乐！

茶韵

绿叶子，黄花儿，山雾缭绕缀别枝。

村姑摘，茶郎搅，三更轻揉，五更焙条。

巧！巧！巧！

炉子开，炭火旺。朋三友四亲来访。

紫砂红，杯子俏。关公韩信，品了大叫：

妙！妙！妙！

（注：工夫茶冲泡时，其中有两程序：关公巡城和韩信点兵。）

2017 年 5 月 1 日

"劳动"演变曲
——庆"五一"

昔日

一把锄头一把锤，一身汗水一脸灰，

一板工分一票根，一心一意很纯粹。

今日

一台手机一电脑，一根手指一鼠标，

一把卡片一数据，一天一样心亦闹。

来日

一台机器一个"人"，一"人"能顶一千人，

一个宇宙一周游，一时一事道不休……

2017 年 5 月 14 日

母亲颂

大地有生灵，皆由母亲成；

心系孩儿情，身为孩儿倾。

父亲虽有功，怎比母亲情；

孟母三迁事，昭昭日月明。

2017 年 5 月 30 日

重温《离骚》
——写于端午节

秦楚纷争乱悠悠，屈子求索祈远修；

"深思高举"路漫漫，悲愤投江报国忧。

汨罗江上水长流，国遇复兴须运筹；

撸起袖子创盛世，告慰先贤写春秋。

2017 年 9 月 10 日

感怀
——写于教师节

三尺讲台卅六载，从师路上多感慨。
虽无惊天动地业，桃李芬芳心自在。

岁月流转似云飞，余音未尽铃声催。
昨夜忽梦灵童在，重执教鞭上讲台。

2017 年 9 月 11 日

教书育人，实为己任；
初心不改，终身不懈。

（注：《潮州日报》记者郑健采访本人并发文如下。）

有这样一位老师，他自 1981 年踏上教育的三尺讲台，就把人生坐标定在了为教育献身的轨迹中。从教 36 年来，他一直以教书育人为己任，站在教育工作的前沿，始终不忘初心，努力做一名"有滋有味"的好老师，让每位上他课的学生、每一位听他讲座的学员都有所收获。他，就是原韩山师范学院党委组织部部长、化学与环境工程学院副教授，现任该校教育发展研究院教师文剑辉。

采访文剑辉时，他正忙着将他历经十几年编著的《优秀教师成长之路》（暨南大学出版社出版）一书赠送给潮汕地区部分学校。他说，这本书是他从教 30 多年的经验总结，也是他献给母校韩师的一份礼物，包含着他对潮州教育的深情、对韩师的深情，也是对自己、对教师大家庭的一个交代。

文剑辉出生于一个教师家庭，从小父母就一直灌输其要读好书，以后考大学当个好老师这样一个朴实的思想。1981 年，文剑辉从韩师化学专业毕业后，就服从安排，回到自己的家乡凤凰山区当教师，曾任中学教师、中学校长，后调任韩师，一直从事中小学基础教育和师资培养工作。就算后来在韩师担任党委组织部部长，从事行政管理工作，他也没有忘记教书育人的职责，一直活跃在讲台上。由于教学出色，文剑辉在 1989 年还被评为"全国优秀教师"。

采访中，文剑辉认为，要成为一名优秀教师，应该"心中有梦想""身上有热情""手中有书本""工作有心眼""生活有色彩"。"心中有梦想"，就是身为一个教师，一定要有教师的理想和目标，然后朝着这个方向不断地向前进；"身上有热情"，就是要全身心地投入，努力把本职工作做好，让学生喜欢你这个老师，喜欢你上的这门课，然后满怀兴趣、下足功力去读书；"手中有书本"，就是要与时俱进，不断学习，充实自己的知识和提高教学素养；"工作有心眼"，就是在工作中要讲究方法，有心思和眼力，善于引导、教育学生做到事半功倍；"生活有色彩"，就是除了工作，要丰富自己的业余生活，把自己的生活色彩体现出来，把教师的情怀体现出来，进而感染学生和同事，做一个有滋有味的好教师。

事实上，文剑辉这么说，也是这么做的。在凤凰山区当教师时，曾经有一次，高考前一个月他生病住进了医院，为了不耽误学生的学习，他把学生的作业、试卷拿到医院批改，再把答案送给学生去校对，让学生充分体会到老师对他们的关爱，从而迸发出学习的动力。学生们也很争气，不负所望，高考成绩一年上一个新台阶，甚至在 1986 年，他所任教的化学科考出了当年全市平均分第一名的好成绩，让人刮目相看。

如今，文剑辉又把他从教 30 多年的感受、体验和经历融入《优秀教师成长之路》这本书中，并多次应邀到粤东地区许多学校开设励志教育、师德师风教育专题讲座，受到老师们和学生们的一致好评。由于长期坚持参与和研究教育、教学工作，对新理念和新背景下教师的成长路径有着系

统的探索与思考，他编写的这本书既有教师成长基本方法和途径的总结，又有教育教学实践的鲜活案例，还有生动感人的励志人生故事。不仅对广大师范生立志从教、勤奋学习、苦练功夫具有启迪、激励作用，而且对广大教师理解和践行习近平总书记提出的做"四有"好老师要求，探寻专业成长之路具有指导意义和参考价值。正如时任韩师校长林伦伦教授所说的，"在文剑辉老师的这本书中，我们读到的是比较前沿的理论知识，我相信，对于老师们来说，一定会开卷有益"。

采访中，文剑辉告诉记者，他明年就要退休了，希望通过为师范生和教师提供可资借鉴的专业成长方案，讲述自身的从教经验和身边的经典案例，给教师们和学生们带来启迪和警示，让教师们在今后的教学中真正做到"教书育人，不忘初心"。

2017 年 10 月 1 日

珍惜
——写在国庆节

昨夜明月俏别枝，今朝鸟儿鸣小池；
问君何为喜眉梢？幸遇盛世太平时。

嫦娥蹁跹人间戏，玉兔嘟怨苍穹寂；
敢问北斗路怎走？诸君且行且珍惜。

2017 年 10 月 4 日

斟酌
——写在中秋节

苏仙把酒明月间，吾辈品读扇秋炎；

道法自然真如此？乘风欲去问婵娟。

千里高处非等闲，骑牛老聃现眼前；
利与不害天之道，为而不争真圣贤。
（注：老聃为老子）

2017 年 10 月 21 日

是日也，秋阳艳艳，树荫甚凉。吾陪恩师、家父赴意溪石庵小游。游人不多，感慨不少，以文示之：

岁月几多问青松，师父不觉成老翁；
甚喜尊者身尚健，谈笑风生太极功。
八四八五似顽童，石径漫步兴致浓；
廉颇心中无落日，何处高歌夕阳红。

2017 年 11 月 26 日

女儿为我点个赞，我也为女儿点个赞！

为爸爸点个赞

文 意

当你习惯了他早出晚归，习惯了他工作到深夜，习惯了他每天的叮咛，你是否想过为爸爸点个赞？为那个早已熟悉的平凡身影点赞？

是的，为爸爸点个赞，为他坚持的身影点赞。为了写一手漂亮的毛笔字，他不断地练习，回家练、饭后练、睡前练，手中的毛笔不知疲倦地舞动着，墨香一次又一次地浸透着书房。他买来许多字帖小心翼翼地重复临摹着，入了神，连好几次我站在他身后，他也不知晓。宣纸一日日垒着，堆成一座"小山丘"，可他从不喊累。望着愈加秀丽的字迹，他会露出笑容，得意着，竟带点孩子气了。

为爸爸点个赞，为他在讲台上神采飞扬的身影点赞。三尺讲台，记录着他孜孜不倦的身影。面对着台下的学生们，面对着一个又一个的提问，他却能做到从容不迫，对答流畅。无论他是一名平凡的老师，还是学校的领导，他都从不松懈，认真地讲好每一节课，四季轮回，始终如一。晚上，是他在书桌前认真备课的身影，是他仔细地批改作业的身影。每一个字，每一张图，每一节课，他都耐心地一一过关。他不是才高八斗、学富五车的渊博之人，而是一名老师，一名真正的好老师。

为爸爸点个赞，为他仔细地引导我前进的身影点个赞。每当我学习累了，桌上便有他放好的一杯温水；每当心情烦躁，便有他耐心的劝慰。为了让我走得更稳，我学钢琴，他便跟着学；我学羽毛球，他便跟着我练；我学乒乓球，他便做我的陪练。当我在这个世界横冲直撞，承受着一次次的打磨和成长时，他那温和的眼神始终凝固在我身上，告诉我，别放弃，你可以。

是的，为爸爸点个赞。把我们眷恋着和风细雨、桃红柳绿的眼光收回，为他停留片刻，你便会发现，这个早已熟悉的身影上也有许多你不知的闪光点。那么，请你对他报以赞美的笑容，为他平凡而又不平凡的身影点个赞吧。

2017 年 12 月 31 日

眷恋

年初我在上课，年末我还在上课；
年轻时站在讲台上，现在还没离开；
这辈子热爱着，下辈子还期待着——
能再走上讲台！

2018 年

2018 年 1 月 6 日

也许

（一）
也许曾经努力过，也许对教书很执着，
时不时有老师问我：
想当个有滋味的好老师该怎么做？
好老师，怎么做？习近平总书记早说过，
"四有"要求莫记错。

个人小经历、小感受，

权当茶余饭后做探讨、细切磋。
我认为，做个有滋味好老师：
一要心中有梦想，二要身上有热情，
三要手中有书本，四要工作有心思，
五要生活有色彩。
说得在理不在理，
诸君评说免客气。

回头看看自己走过的路，
我会说，懵懂时，
首先要想想父母的叮嘱——
大学刚毕业，讲台还没上，
爸妈就唠叨：
你走上社会了，要当老师啦，
为人之师，你很多事都可以去做，
唯独误人子弟的事千万不能做！

那时候，我隐约地感到，
老师，不仅仅是称呼，
老师，教育着很多家庭的孩子，
老师，影响着无数家庭的未来。

当我走上讲台了，
校长听了我的课并对我说，
你能回家乡工作，很好，你可要教好书，
当一名好老师，为自己争气，
为山区学校争光！

当我站在讲台上，

看到学生一双双渴求知识的眼光，
直觉告诉我、良心提醒我，
对这些孩子，怠慢不得！
从此，不能误人子弟，不能怠慢学生，
当一名好老师，就成了我的梦想。

（二）
也许有了梦想就有了方向，
也许有了方向就不忘记目标，
精力、时间的投入不可或缺，
热爱、热情也不仅仅是闪过，
热爱学生、热爱学校，热爱工作。

何曾想，一腔热情并不等于一路顺风：
学生听不懂课的尴尬我遇过，
学生的问题回答不了我困惑过，
直冒冷汗的感受我体验过，
教学成绩倒数第几的难堪我经历过——
忘不了，路上的坎坷，
成长的挫折，筑成前进的台阶，
一级一级，砥砺前行……

渐渐地我懂了：
墨守成规不可取，没有规矩难成方圆。
直接经验诚可贵，
间接经验价更高。

慢慢地我明白了：跌倒了，爬起来，
想清楚傻在哪，就不会总是傻。

觉悟、感悟是我前进的基石，
做好自己、迎难而上，
是我成长的关键词。

2018 年 1 月 7 日

也许

（三）

也许在读书中摸到了方向，
也许在学习中尝到了甜头，
总感觉我的生涯中，没有读完书的时候。
难怪家人说，你看看，家里除了书，
还有什么？
我左瞧右瞧，
家徒四壁，真的除了书，还是书——

不敢说我嗜书如命，但我敢说我命不离书。
我不太懂，腹有诗书气自华，
但我却懂，书到用时方恨少。
我真真切切地感到：
书读得越多，
越感觉到自己书读得太少太少。

有人说，读书是学生的事，
我想说，读书也是老师的事。
金庸先生说：
只要有书读，做人就幸福。
我是否也可这样说：
老师不读书，教书就很苦。

有人问，怎么读好书？

我回答，去问老子、孔子、韩愈——

那人说，你是老师，就不能说两句。

我说，

我说不好道理，我可以打个比喻：

你要读"西施"，也可以读"东施"，

但千万不要"东施效颦"，烦恼自寻。

假如你要寻找读书方法的真谛，

我觉得，

鲁巴金（苏联作家）的读书方法谈，

可算得上金玉良言：

"读书是在别人思想的帮助下，

建立起自己的思想。"

假如你是理科老师，

我建议你有空多读文史哲；

假如你是文科老师，

我建议你多看看自然科学普及读物。

文理兼容，教书不庸，

学以致用，其力无穷。

（四）

也许有人觉得经历多了人就聪明，

也许有人觉得看的东西多了就有好点子，

时不时有学生问我：

"怎么变成一个聪明人？"

要我说，少犯重复性错误的人，

就有可能变成聪明人。

何为聪？多听也。
何为明？多看也。
多听、多看加多干，
聪明成为好伙伴。

我觉得，
一个有能力的老师，
应该是一个有心思、有眼力的人，
能够从别人看不到的地方发现问题，
能够从别人想不到的地方，
找到解决问题的好方法。

古人说，
学如逆水行舟，不进则退。
我斗胆说，
思如顺水推舟，不退而进。
孔子说，
学而不思则罔，思而不学则殆。
我想说，
思而不试则空，试而不思则庸。

见笑见笑，不知天高地厚，
竟与先贤论道？殊不知，先贤也是人，
只言片语，顿悟而已，多请圣贤见谅。

（五）
也许谁都知道人生不仅仅是工作，
也许谁都懂得要打点好业余生活，
时不时有学生问：
"老师，我以后如果像你一样当老师，

业余生活该怎么过?"
我说,我们已经跨进新时代,
业余生活丰富多彩,萝卜、白菜各有所爱,
一概而论,确实不该。

不过,我觉得,一个幸福的教师,
要打点好自己的生活色彩,
展现出教书育人的情怀。
苦行僧的生活,偏离了人的本性,
也背离了马克思列宁主义的观点——
"不懂得休息的人就不会工作"。

文娱的:吹、拉、弹、唱——
至少有一项能拿得出手,
体育的:篮球、乒乓球、羽毛球、
跑步、走路……
至少有一项能参与其中,
文娱能使人更加高雅,
体育能使人身心健康。
文娱、体育还是人际交往的好平台,
文娱、体育也是班主任工作的好帮手,
更是融入集体的好途径。

难以想象,
不喜欢文娱的人很雅量?
难以想象,
不喜欢运动的人很阳光?
由此,难以想象,
不喜欢文娱活动、体育运动的老师,
学生很喜欢?

温馨提示：

年轻老师不能自认为身体尚好，懒得运动，

中年老师不能总说工作太忙，挤掉运动，

年老教师更不该以体力不支，拒绝运动，

合适就是最好，心动更须行动。

要以良好的心态，

去寻找自己的最佳活动，最佳生活。

幸福就永远在路上——

结语：

也许，没有也许；

也许，仅仅是也许——

2018 年 2 月 21 日

关爱健康

情由心生，从我做起

春节团圆之际，儿子文希为众位亲友开了场家庭健康小讲座——心脑血管疾病预防。我听后觉得对中老年人的健康，特别是增强对心血管健康方面的预防意识有一定的启发，若能对大家的健康也有所帮助，那就是最高兴的事情了。

顺祝身体健康！家庭幸福！

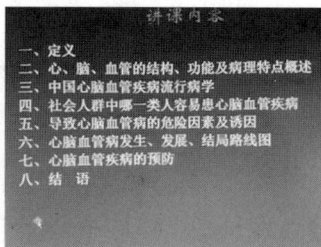

2018 年 3 月 8 日

狗年
——写在本命年

人生能有几狗年？光阴荏苒五逝仙；
蓦然回首甲子路，历历往事浮眼前。

一狗呱呱降尘世，不谙世事显稚气；
学前田野嬉儿戏，书斋路上赤脚弟。

二狗早早迎晨曦，正是男儿读书时；
适逢"文革"运不济，幸复高考大学期。

三狗年轻劲头足，不畏艰难不怕苦；
粉笔黑板任挥洒，家乡教坛不愿输。

四狗有幸回韩师，边为教师边读书；
教学相长勤探索，酸甜苦辣滋味多。

五狗匆匆步履急，于国于家愿尽力。
无奈才疏学不深，荣辱褒贬亦相宜。

感慨万千人生事，平生挚爱还是书；
读书教书写点书，书写人生那些事。

狗年几多无所谓，为而不争行或随；
祈愿国运长向好，但祝亲友喜事多。

2018 年 3 月 22 日

努力与幸运

早晨起来，不经意中，发现小女儿的书桌上写了"越努力越幸运"，并把几个字放在空的糖盒子里。她每每坐在椅子上做作业时，面对的就是"努力＋幸运"。我认为，努力是一种自勉，幸运是一种祈愿，"努力＋幸运"是一种学习心态，挺有意思的。愿女儿能健康成长，快乐成长。

2018 年 6 月 17 日

感恩

一师一父一晚辈，亦尊亦敬亦相陪；
一心一意一祝愿，亦教亦养亦举杯！

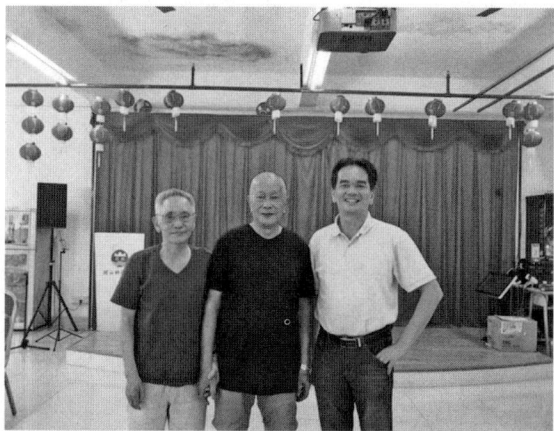

2018 年 6 月 18 日

交流与收获

教法贵切磋，学法细琢磨。

教学互动主旋律，度量怎把握？

理念为引领，探究莫蹉跎。

知行合一愿景美，携手步更妥。

东里小学张旭龙校长

[18.05.17]怎样做一名有滋有味的好老师

　　下午，韩山师范学院文剑辉教授应学校的邀请，到东里小学为全体教师讲课。文教授以习总书记做"四有"好老师的要求为指导思想，联系学校实际，以现实案例为素材，从"心中有梦想、身上有热情、手中有书本、工作有心思、生活有色彩"五方面，引发教师从理想信念、工作态度、学习进取、讲究方法、生活情怀等方面进行思考，不懈努力，争做一名有滋有味的好老师。

　　文教授近二个小时的精彩讲座，赢得了老师们的阵阵掌声。感动文教授的"不忘初心，一生追求"的教育情怀……

黄海茸

【专家讲座】5月21日，邀请韩山师范学院原组织部长文剑辉副教授为全校教师举办《怎样做一名有滋有味的好老师》专题讲座。天气虽然炎热，但讲座张弛有度，如清风徐来，滋润心田。正是：借力文师弘道，授业解惑；淬炼剑胆琴心，兴文增辉。

2018 年 6 月 28 日

期末情未了

周而复始习为常，教学相长齐飞翔；

又道再见情谊在，秋季师生展新章。

2018 年 7 月 1 日

悼家慈

世纪翻页家慈逝，

今忌日，悲泣祭。

阴阳相隔，思念化跪膝。

拳拳赤子心安在？

天堂里，叩安息。

梦萦依稀见容仪。

未作揖，先记起。

不怒自威，无言以教诲。

冥冥来世相聚时，

亦家慈，亦儿师。

（注：母亲当了一辈子教师，曾经是我的语文老师、我的班主任）

2018 年 8 月 6 日

感触

夏日学《讲话》，如沐春风。

吹拂信念扬云帆，撸起袖子加油干。

春秋如画。

忆往昔年华，无怨无悔。

为师讲坛精耕耘，勤政务实良心事。

何畏贬夸?!

2018 年 9 月 10 日

瞻仰韩文公

百代文宗，国人称颂，

精辟师说：传道受业解惑也，

明师道，不朽功!

办学治鳄再兴农，功不在禹下。

文起八代之衰兮，韩柳誉，笔架松!

2018 年 9 月 13 日

　　今天是我开学的第一节课。课间休息时，看到儿子从微信发来照片，他也在上课。颇觉有趣，遂写下以下文字：

开学第一课

天朗气清秋风爽，
父子异地上讲堂；
吾虽赢儿几分熟，
儿却胜吾天地广。

为师情，心自赏，
教学之恋展翅膀。
学而不厌悦岁月，
教而不倦在路上。

2018 年 9 月 24 日

祝愿团圆时，人间尽欢颜！

值此中秋佳节，邀女儿学填词作曲，其乐融融。随之，蓝有"卜算子"，青有"小曲儿"。雅兮俗兮皆兴致，巧兮拙兮心相宜？与君分享，请君赐教，祝君快乐！

小曲儿·中秋夜
文意

薄夜渡清影，盈月云烟后。
人声熙熙，繁华似锦，曾记否？
独月无声溢枝头。
谁怜月无亲，只喜自家圆。
似闻嫦娥思夫泣，泪涟涟，
细听仍寂寂。
抬眸望月月望人，
俏，俏，似君笑。

卜算子·中秋月
文剑辉

中秋年年有，月未时时俏。
若是天公不惜月，皎皎柳树梢。

清晨月如钩，夜幕对君笑。
若是天空真惜月，霎时不见了。

2018 年 10 月 1 日

相见欢·韩师 1977、1978 级入学四十周年庆典
同窗相聚韩园，
红衣妍，
青丝白发兮弹指挥间。

勤读书，力耕耘，未敢闲？
别有一番憧憬寄蓝天。

2018 年 11 月 26 日

当了一辈子老师，给不少中学生、大学生、中小学老师上过课。以前，我的课从来没走出潮汕。这次，有幸应薛博士邀请，往广州给广东第二师范学院的学生讲了一课。虽已老骥，仍有忐忑；授时不多，感受不少。遂记下以下文字。

留春令

春夏秋逝，冬临亦师。
初心不改，乐此不疲担道义，
鬓已霜，志不移。

仰天长问何所思，心血润学子。
细雨润物谁与之？效老聃，知不知。

2018 年 11 月 26 日

感恩改革开放四十年

说起改革开放四十年，我的感慨真不少：

这四十年，对我们中华民族来说，实现了由中华人民共和国成立之后的"站起来"到现在逐渐"富起来、强起来"的巨大变化。国家综合国力越来越强，人民生活越过越好。特别是我们"50 后"这一代人，感受更加深刻，更觉得要倍加珍惜这来之不易的成果和努力。

这四十年，对我自己来说，仅用"感恩"两字远不能表达我的全部心情。就在改革开放的第一年（1978 年），乘着改革开放的春风，通过煤油灯下的勤奋学习，三个月掉了整整十斤肉的拼搏努力，我终于考上了韩师。由一名对前途迷茫、未知路在何方的农村知青变成一名幸运的大学生，走向了新的人生道路。如饥似渴的三年韩师学习，终于尝到读大学的味道，丰富了自己的知识，磨炼了自己的心智。毕业后听从母校的召唤，回到自己的家乡——那时最艰苦的凤凰山区、农村中学工作。在凤凰从教的 11 年，是最青春的年华，我不惜劳、不怕苦，踏实走好脚下每一步，由一位普通的中学教师逐渐成长为教研组长、中学校长，直至 1989 年荣获"全国优秀教师"荣誉称号。这既艰苦又充满挑战的 11 年，酸甜苦辣，无怨无悔！每每想起这 11 年，总感觉是我人生值得怀念、梦里经常浮现的七彩时光。1992 年，由于工作需要，我怀着忐忑又矛盾的心情再次走进韩师，由原来的学子变成为教师。时至今日，弹指之间，在韩师工作的 26 年即将过去。这 26 年，是改革开放热火朝天、攻坚克难的关键时期。这 26 年，我任过专任教师、学校中层干部，岗位变化不少，唯一不变的，也是我一直引以为荣的就是，从来没离开自己眷恋的讲台！

这四十年，我也亲自见证了韩师的不断发展：我在韩师读书时，校园里只有窄窄的湘子桥头旁的老西区，现在学校占地面积达 46.8 万平方米，校园古朴、优雅，是韩师学子学习的好地方；全日制学生人数由我读书时 5 个专业 1 200 多人到现在 58 个专业近 18 000 人；原来小小的图书阅览室已变成功能较为齐全，方便师生学习、教学、科研，藏书达 300 多万册的图书馆；那时，学校里没有一个教授、博士，现在初具规模的教师队伍中有85名教授、175名博士，多数教师是硕士。改革开放以来，韩师自己跟自己比，变化是有目共睹的。但实事求是地说，横向比较，韩师的短板还不少。

我作为一名韩师人，有理由相信，在"改革开放不停步"的思想指导下，在全体师生的共同努力下，瞄准短板，攻坚克难，学校的人才队伍、学科建设、科技创新等核心竞争力定会大幅提升，定能为教育事业和粤东地区的发展做更多的实事、好事。

我作为一名凤凰人，也期望家乡在坚持改革开放的新征途上，继续腾飞，明天会更好！

2018 年 12 月 29 日

再读《论语》

夜温"论语"手如霜，

书页黄，透灵光，

千古私塾，师徒情怀广。

频频对话寓哲理，显悟性，景朗朗。

循循善诱师见长。

未乖张，又何妨！

因材施教，步步拾级上。

劝君勿忘学先贤，朝前望，振学堂！

2019 年

2019 年 1 月 1 日

追梦人

朝迎晨曦夕观霞，午有小憩晚归家。

心中朗朗无落日，黄昏何处入思退？

2019 年 1 月 20 日

南歌子·石湾中学随笔

潮汕着毛衣，博罗腊月暖。

错落有致棕红装，

校园学子勤读书声朗。

应邀作交流，适逢学期满。

会堂娓娓心声传，

笑问益处何在光阴弹？

2019 年 3 月 16 日

交流

昨晚，应邀参加枫溪英塘小学家长会，作"家长怎么说，孩子愿意听"的专题讲座，讲了一些故事，谈了几个观点，与君分享，切磋切磋……

家长怎么说，孩子愿意听

"至要莫如教子
至乐莫如读书"

主讲人：韩山师范学院
文剑辉

五个观点
（五要五不要）

要尊重孩子，不要居高临下
要理解孩子，不要不当回事
要做好示范，不要束手旁观
要善于赞扬，不要随意批评
要分享快乐，不要无所无谓
实现：家长的话孩子愿意听

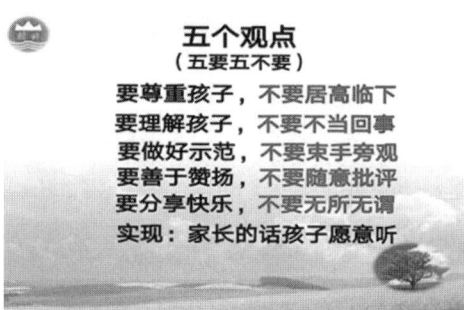

2019 年 4 月 19 日

韩附校长寄语

相约韩附

亲友们请关注，

有这么一所新学校叫"韩附"；

家长们请放心，

因为我们很用心；

同学们请到韩附来，

这里就是你们快乐学习、

健康成长的好平台！

2019 年 5 月 13 日

上周五，应邀到东莞市石碣中学进行交流学习，时间虽短，收获良多。尤其是石碣中学校园的"诚"文化给我留下深刻的印象。下面是石碣中学的新闻报道：

用教育初心应对课堂教学新挑战

——记韩山师范学院文剑辉教授在我校讲学

2019 年 5 月 10 日，东莞市石碣中学迎来了全国优秀教师、韩山师范学院文剑辉教授为大家传经送宝。赵金阳校长主持了本次活动。

文教授长期坚持参与和研究基层教育教学工作，对教师成长、班主任工作以及教育和教学新理念、新方法等都有较为深入的探索与思考，一直保留着一线教师的教育初心，不断学习、反思、创新自己的思想与方法，以应对课堂教学随社会发展带来的新挑战。

文教授从自己从教"第一节课的感受：自我感觉良好但学生听不懂"开启本次培训讲座。他说，首先课后要反思，强调开展教学反思的重要性与意义；通过教学反思才能更好地提高教学设计的质量；通过教学反思才能更深刻理解课程标准的要求；通过教学反思才能更准确地把握学情与教学预设的契合度。其次备课要用心，指出教师精力前置才能保证教学效果：毛主席半天讲完的"矛盾统一法则"，是用了四夜三天才把讲课的提纲准备好，因此赢得满堂喝彩。我们作为实现"立德树人"根本教育任务的执行者，更不能松懈，要用初心进行备课，才能使学生在每一节课中得到最大的收获。再次课堂要互动，互动是有效课堂的重要标志。课堂互动能及时检查教学效果，倾听学生想法，展示学生风采，丰富教学形式。最后教研要并举，以研促教，以教带研。对教学多做思考，让好课更好，如在分层教学中，思考问题难度分层，学生参与度分层，才能让不同学习力的学生能参与、乐参与、享收获。

文教授最后以"不变应万变，万变不离其宗"的诤言结束本次讲学，希望石碣中学的老师以一份热爱积极投入教育教学工作，在教学方法和模式千变万化中坚持以教师为主导、学生为主体的教学原则开展教学。

石碣中学赵金阳校长对文教授的讲座给予了高度的赞赏，称文教授的这场讲座是最接地气的讲座，希望我校全体老师铭于心，化为行。

2019 年 5 月 26 日

喜欢

——周六课后偶感

为何喜欢站在讲台上讲课？

近四十年，乐此不疲……

也许是备课时，

总把自己设身处地当成青年，

思考什么、困惑什么、需要什么，

不知不觉，淡忘了自己已过"知天命"。

也许是讲课时，置身于青年群体中，

侃侃而谈、频频互动、教学相长，

仿佛自己也年轻，在成长。

也许是讲课后，青年人学有所获，

会心一笑、些许鼓励、阵阵掌声，

使得我忘乎所以……

2019 年 6 月 16 日

随心

——写于父亲节

一杯薄酒，一份情怀。

千言万语何在？

襁褓件件辛苦事，甲子步步

感恩台。

一身背影，一路实在。

千载万载缘来？

喜看峰顶风光好，更羡坡岭捕蝉孩。

2019 年 6 月 24 日

感动与鞭策

——周末随笔

在不经意中我感动了……

上周六，两位中年妇女带着一位小孩，像许许多多的家长一样，到韩附参观。因天气炎热，溜达一圈后，她们坐在学校办公大厅的沙发上小憩。我有事走过，其中一位女同志对我说："您是文校长吗？"我停下脚步："是，我是。""你怎么认识我呢？"我反问。她微笑地说："我来你们学校之前就做过了解，看了学校的宣传手册。另外，有两位当老师的朋友对我说，这所学校应该去看看，学校的文校长很值得信赖。"

"值得信赖"，听起来多舒心！虽然，我有多次受过"信赖"的褒奖，但像这样素不相识的人当面用"信赖"褒奖我，次数真的不多！

信，就是可以相信；赖，就是可以依赖。我有理由相信，许多家长其实就是冲着可以信赖而来的。家长们多么希望自己的孩子能在一所值得信赖的学校里读书，那里有值得信赖的好教师，值得信赖的班主任，值得信赖的宿管阿姨，值得信赖的食堂师傅，还有值得信赖的董事会和管理团队，更有值得信赖的精致校园和精准服务……因为我本身就是学生家长！

有的话是一种调侃，有的话是一种鼓励；有的言不由衷，有的言由心生。我更愿意相信这位家长的话是一种鞭策……

2019 年 7 月 1 日

交流就有收获

作为一名家长，能面对面与众家长交流家庭教育的体会，是一件很快乐的事。家庭教育的方法没有统一的格式，更无标准答案，应该各抒己见，互相启发。教育过程要因人而异，因材施教，因地制宜……然而，有一些做法具有普适性，是应该坚持的：要用心而不能敷衍；要耐心而不能急躁；要细心而不能粗率……

2019 年 7 月 5 日

祝贺女儿

文意中考成绩被屏蔽，未见分数心欢喜。不知说什么好，写成以下文字：感谢老师好教导，褒奖女儿真争气。

气定神凝笔当枪，甩着辫子赴考场。
三年勤勉炼心志，今朝欣然着新装。

2019 年 7 月 6 日

滋味

　　今天讲座的内容，虽不是一
个新话题，但面对改革开放前沿
的中山市老师来说，还是别有一
番滋味。我们虽成长在不同的社
会背景下，却因为有着共同的教
育情怀，而产生强烈的共鸣与期
待；虽天气炎热，边讲边流着汗
水，但当老师们说一声"老师，
你讲得很好，我收获很多"时，汗水好像变成了糖水……

2019 年 7 月 13 日

谈话"三部曲"
——一点小建议

　　谈话是日常工作、生活、学习不可缺少的一种互动形式，朋友之间的
交流，同事之间的探讨，师生之间的教学活动，家庭人员之间的生活问
题，都离不开要谈话、交流。交谈时，有的人喜欢直截了当、一针见血；
有的人喜欢和风细雨、不急不躁；有的人只知开头、不善结尾；有的人只
图痛快、不管结果；有的人动之以情、晓之以理；有的人说两句就激动、
说三句就冲动——真是八仙过海各显神通！殊不知，谈话跟其他事一样，
要讲究方法，才能提高效果。好的谈话效果应该是谈话者说的话，对方听
进去了，并内化为思考，外化为行动。经长期的探索和体验，我觉得，谈
话"三部曲"值得试一试。

谈话"三部曲"
先说"好"的
再说"孬"的
最后说怎么做才能"好"

先说"好"的

先肯定对方，即使对方没多少"好"可说，也要体现尊重对方的劳动和付出。

由于对方得到鼓励，心情愉悦，就能打开心扉，为谈话奠定良好的氛围，为对方能听进你的话做好铺垫。

再说"孬"的

肯定对方的"好"之后，要说出对方的不足，使对方认识到问题的存在。这个步骤最要讲究方式，努力使对方觉得你说他的"孬"是善意的，是中肯的，是为了对他好。

这个环节最忌带刺的语言和冷嘲热讽。带刺、冷嘲、热讽都是伤人的，对方就有防备心理，在你与他之间形成"一堵墙"。你的话他就听不进去了，你说多少话都是白搭。

最后说怎么做才能"好"

说人家的"孬"，目的是使对方变"好"，那么你就要出点子，给方法。这一步最能体现谈话者的见识和水平。

切忌信口开河，胡说一通。给建议要有针对性、可行性和前瞻性。你的建议也许就是对方进步的"金玉良言"。

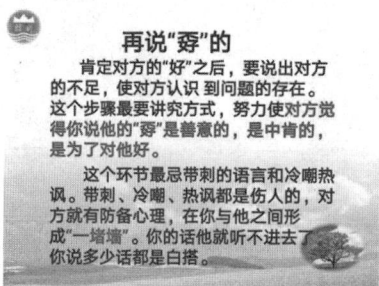

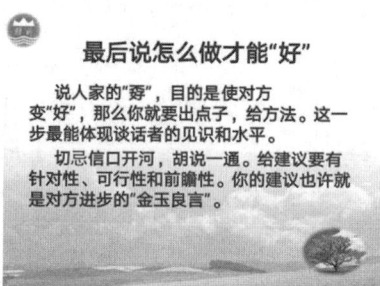

2019 年 7 月 23 日

"变"与"不变"

今天下午，应邀给广东省阳江市名校长培养对象及阳江三中班主任讲课。像这样在同一个讲座里同时面对两种不同角色——校长和班主任的情况，还是第一次。备课中，斟酌再三，我选了这样一个题目："变"与"不变"——谈谈科任教师与班主任、校长的辩证关系。

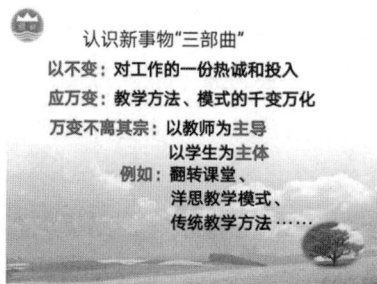

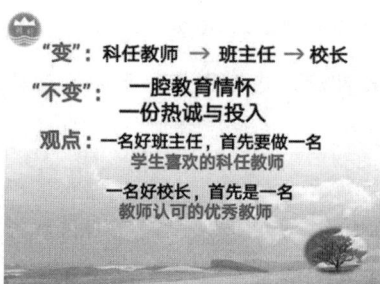

认识新事物"三部曲"
以不变：对工作的一份热诚和投入
应万变：教学方法、模式的千变万化
万变不离其宗：以教师为主导
　　　　　　　以学生为主体
例如：翻转课堂模式、
　　　洋思教学模式、
　　　传统教学方法……

"变"：科任教师 → 班主任 → 校长
"不变"：　一腔教育情怀
　　　　　一份热诚与投入
观点：一名好班主任，首先要做一名
　　　学生喜欢的科任教师
　　　一名好校长，首先是一名
　　　教师认可的优秀教师

2019 年 7 月 27 日

引路人

昨天下午，应邀给阳江市"三名"校长班的校长们上课，主题是"怎样当好教师成长的引路人"。

备课时，我想起鲁迅先生说过的一段话：地上本来没有路，走的人多了，也便成了路。也就是说，路是人走出来的。那么，教师成长之路在何方？怎么走？走过去一路翠绿，偶有荆棘；还是一路荆棘，偶有翠绿；哪些做法事半功倍，哪些行为事倍功半，应如何选择……我认为，这就是引路人的意义所在。

上课中，可见校长们若有所思，若有共鸣。我想，也许我的观点渐渐演变为他们寻路的借鉴。

课后，大家热情邀请我合影，那真诚，那表情，我思量，也许是对我讲课的认可，也许是我讲课的内容内化为他们的思考，听有所获。若果真是这样，我上课时身上的汗水又一次化为心中的糖水……

2019 年 8 月 11 日

三年前，一群小孩，几个大孩，共谋小升初一路精彩；

二年前，一群少年，稚气未脱，演绎着初二拼搏舞台；

转眼间，中考过后，紫莲相聚，憧憬高中畅想着未来……

2019 年 8 月 26 日

校园随感

雨过天晴，新校园经过一场秋雨的洗礼，显得更加清新。引我注目的是年轻的老师已经在认真备课，还有那工作一天的工人还在辛苦劳作……

我想，这时已进入梦乡的韩附新生，可能在提前体验那份跨进新校园的喜悦……

祝贺韩附，将迎来第一批新生！

祝愿新生，快乐学习、健康成长！

2019 年 9 月 1 日

军魂

——赞韩师军训教官

军事教官真给力，训导场上汗淋漓；

新生面貌焕然新，家长观后心欢喜！

2019 年 9 月 6 日

幸福从哪里来？

幸福是人们所共同向往的、所不懈追求的一种生活状态。幸福从哪里来？不同的人却有不一样的答案。在即将迎来祖国 70 华诞之际，我应邀到有关单位作了"幸福从哪里来"的宣讲活动，引起一些听众的共鸣和思考。在此，愿把自己的一些体会和想法与大家分享……

2019 年 9 月 10 日

平常又不平常

今天早上，我跟值日老师一起站在学校正门口，迎接上学的学生，突然一个小女孩走过来微笑地对我说："老师，教师节快乐！"

昨天上午，我走在教学大楼走廊上，一位女生手里捧着一束鲜花，匆匆走过来，同样对我说："校长，节日快乐！"

每年这一天，都有一些学生送给我一声祝贺与问候，好像已经习以为常——甜甜的感觉，会心地一笑。但今年这个平常的教师节，对我来说，还是感觉有点不平常：不平常的工作年龄——超龄，不平常的民办学校——新办，不平常的工作担子——有点重，这些使我产生了不平常的工作压力……

还好，几个月以来，在社会各界的关心和支持下，在董事会的努力，我和我的老师们齐心协力，用心工作，韩附终于如期开学了！一切工作顺利向前推进。

那天，我跟一位老师走在校园里。我说，最近这么忙，肯定累坏了。那位老师带着一丝疲惫的神情，微笑地说："校长，说实在的，我从来还没这么累过，但看到学生脸上可爱的笑容，看到学生一天一天地进步，看到校园一天一天变得更美，好像就不那么累了。"

啊，我终于明白了，什么叫热爱，什么叫情怀！这就是老师们的热爱和情怀！他们热爱学生、热爱学校、热爱手上的这一份工作。

我作为校长，我很庆幸能跟老师们一起工作，很庆幸跟老师们有一样的热爱和情怀！

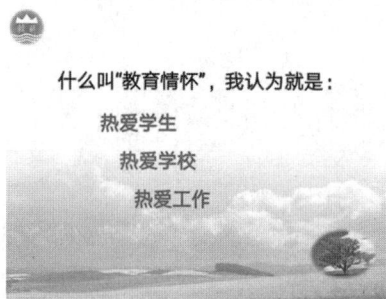

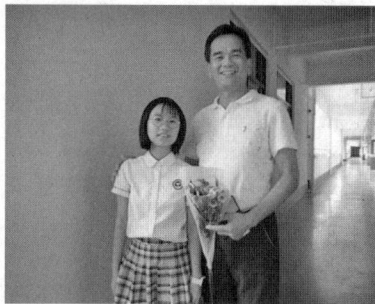

什么叫"教育情怀"，我认为就是：

热爱学生

热爱学校

热爱工作

2019 年 9 月 13 日

别样中秋

一年一度中秋至，
一样月夜一苍穹。
翩翩嫦娥俯身看，
韩江怎有七彩虹？
试问湘子何缘由，
湘子茫然想不通：
人间也许无黑夜，
抑或盛世显神功？

2019 年 9 月 17 日

校园黄昏时刻，学子运动正酣……

2019 年 9 月 17 日

小朋友们，我如果能像你们一样"小"该多好啊！

2019 年 9 月 17 日

校园跑操……

跑出青春风采！跑出健康体魄！跑出坚韧毅力！

2019 年 9 月 17 日

师傅，为了能使师生吃好、吃饱，你们辛苦了！谢谢你们！

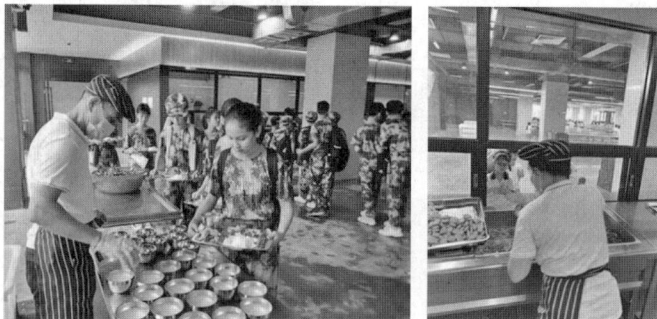

2019 年 9 月 22 日

改变一种写法，涂鸦几个字，挂在自己的新办公室里。

愿惠风似春风，吹绿校园之教育园地，畅享学子之琅琅书声……

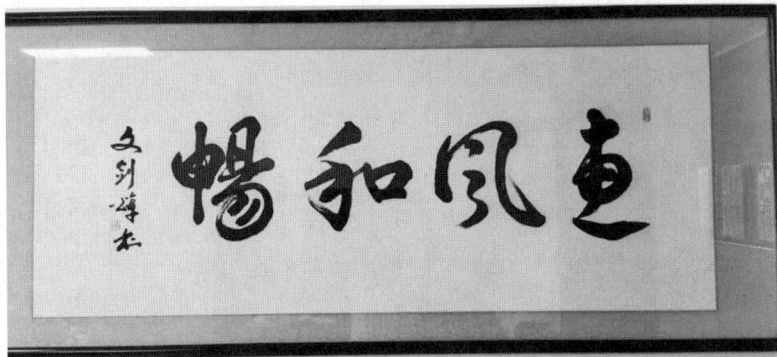

2019 年 9 月 22 日

"校训"释义

"立德"修行为根本，"明礼"通达做好人；

"博学"力思求创新，"笃志"自强存高远。

2019 年 10 月 1 日

国庆感怀

风雨兼程七十载，
众志成城展风采；
任重道远复兴路，
携手奋进新时代。

传道四十站讲台，
我为国家育人才；
此生无悔为师道，
莫笑老骥扬鞭来。

2019 年 10 月 1 日

老师像一棵树

有人把老师比喻为园丁，我认可。因为教育确实需要一片园地，需要许许多多的教师像辛勤的园丁一样，劳力又劳心，呵护着小苗、小树的健康成长，其付出可赞，其精神可嘉。

有人把老师比喻为蜡烛，我就不敢恭维了。因为蜡烛具有精神之光……燃烧自己，照亮别人，却无生命之实；虽然燃烧起来有一段亮光，却在短暂之间灰飞烟灭……可嘉可叹！

我认为，老师更像一棵树，看着、滋荫着小草、小树的成长，自己也在成长。他（她）有自己的生命力，有自己的发展空间，有自己的价值观，也有自己的幸福感……虽然一棵树不能万古长青，可老树、枯藤也是一幅美丽的风景。就算倒下了，也可变成书斋里的书桌、椅子，静静地聆听着沙沙笔声、琅琅书声……在那笔声沙沙、书声琅琅之中，说不定又长出了一片森林……

2019 年 10 月 18 日

教研专题大家谈

—— 何为优质课

新理念：
从生活走向学科,由学科走向社会

精髓：理论联系实际 ⟶ 学以致用

题型：**联系实际题目比例增大**

既要读好"圣贤书"，更要知道"天下事"
既要"读万卷书"，也要"走万里路"

　　教学是学校发展的生命线，是学校教育成果的集中体现。教师是教学的重要引领者，教学教研的水平直接体现了学校的学风和教风，打造优质课堂更是每一位老师的追求和愿望。日前，我校文剑辉校长为全体教师开设"何为优质课"的专题讲座，通过交流、学习，教师们加深了对优质课堂的理解，对教学优质课堂有了一个指引的方向。许多老师结合不同的学科和教学内容，关于各学科如何开展创设优质课，发表了自己的感想。下面我们选取部分教师的感想与大家一起分享：

　　周锐芸老师：我认为优质的英语课堂，需要精心设计各个环节，考虑如何将课堂变得生动有趣，如何引入有趣易懂的方法讲授知识，如何用游戏来帮助学生巩固单词，使学生觉得单词的记忆不再是难题，不用依靠死记硬背，能够借助多种方法有技巧地记忆，让学生觉得学习英语、记忆单词是非常有趣的，最终让学生喜欢上任课老师的教学方法，喜欢上英语这门学科。

佘哲老师：教师在备课过程中，要吃透教材，并根据自己固有的知识与特长，努力将每一节课堂打造成优质课。生物作为初中一门崭新的学科，在引领学生走进生物世界的大门，探究植物、动物、细菌、病毒等形形色色的生物时，学生难免会感到抽象、乏味，因此必须理论联系实际，从生活走向学科，在课堂上呈现出学生日常生活中常见案例及充分利用其自身经验，带入新知识点的学习。适当采用多媒体课件，展示一些图片、动画、视频材料，将课本上过于抽象的、难以理解的知识点直观地展示在学生面前，使学生视听并用、加深理解，让学生从生活走进课堂学习，由学科走向社会，真正做到学以致用。

陈旭伟老师：听了文校长的讲座之后感触良多，从教这么多年来一直在探索如何利用有限的时间把知识更好地传授给学生，即高效课堂，也是文校长提倡的优质课堂。优质课堂离不开以学生为本，在一线教学的老师都明白这个道理：学生是学习的主体，老师在教学活动中起主导作用。这是一节优质课的关键，可在教学中淋漓尽致地贯彻这一原则，又有多少老师能做到？课堂上确实要尽可能地多留点时间给学生思考，这就要求老师在上课之前要吃透教材，讲课重点要突出，难点要突破，让学生尽快掌握这节课的知识点。

如何让一节课变成优质课，我觉得可以从学生的作业入手。很多老师是为了应付领导的检查作业而批改作业，这种教学是被动的。其实作业可以很好地反映出学生对上一节课知识点掌握的情况，仍然存在哪些问题。通过作业充分了解学生后再走进课堂教学就非常有针对性了，这已经是优质课的第一步了。班级授课制很难在课堂的 40 分钟内照顾到所有学生，对于一些比较简单的问题我们可以关注几个后进生的答题情况。如果后进生能掌握，那么基本可以断定全班都掌握了，可节省巡查时间。课堂上要多到学生身边走动，这至关重要，应认真观察学

生答题情况，必要时用红笔为学生指出哪道题出错，争取让学生自己找出失误点并订正过来。

最后，俗话说得好："严师出高徒。"对学生要抓得紧，严字当头，那班上学生的成绩肯定不会差。

黄佳珣老师：对于美术学科来说，不仅要提高学生的审美能力，而且更重要的是提高学生的综合能力。要引导学生学会细心观察身边事物，将模仿能力运用到美术中，锻炼最基本又是最复杂的运笔能力，充分发挥儿童绘画的率直性、求全性、动态性、夸张性、开放性、自由性等特点。文校长说，学生希望老师的课堂是充满期待性的，我很认同这个观点。小学生本身是充满好奇心的，老师新鲜的教学对于他们来说就是快乐的源泉，他们在这过程中获取知识，这对于他们来讲更有意义，更容易吸收，同时也能让"沉默"的孩子发言，这就是一节优质课的体现。

郭苑芹老师：新课改以来，我们一直都在强调"以生为本"，强调学生的主体性地位，提倡把课堂交给学生。实际上，这对于教师、对于学

生，都是一个严峻的挑战。从一个月的教学实践中，我发现存在一个严重问题，学生愿意听，听得懂，课后却不愿意去背诵，去识记。历史这一门学科，如果不去背、去记，连基本史实都不了解、都记不住，那如何能取得一个较理想的成绩，学有所成呢？而很多男生对历史很感兴趣，却不懂得课上学习的历史跟他们与父母亲、长辈生活中所谈的历史是存在很大的差别的。这是一门全新的学科，七年级的同学才刚开始学习历史，很多人还不懂得怎么去学习，去做材料题，对历史学科基本术语也不了解，常常出现同一道题换了一个表述就被难住了的情况。我认为，在起步阶段，教师更多地还是起一个引导者的作用，教学生如何学习、如何做题。而在学生有一定基础上，放手让他们去做，也必定要花费大量的时间。现今的课时相对比较紧，每个班的学习情况、接受能力也大有不同，因此基本上只能做一些简单的课堂互动，这也是我一直不敢放手让他们自己去做的原因。如何让学生真正成为课堂的主体，我也一直在寻找这两者的平衡点，也希望能够与其他同事相互探讨，得到指点。

陈璐璐老师：听完文校长的讲座，让我印象最深的是"兴趣是最好的老师"，要给课堂设计"兴奋点"，让学生有期待，喜欢这节课。让学生有兴趣，这对初中的音乐课来说是有难度的，因为七年级学生正处于青春发育期，有自己的见解和独立思考能力，每个人的喜好也很分明。课本中的曲目相对于七年级学生来说会比较枯燥乏味，他们会觉得无聊，提不起兴趣，大部分学生喜欢流行音乐。所以如何在课本曲目和学生所喜欢的流行歌曲中找到平衡点，提高学生的兴趣，让音乐课能在教授音乐知识的基础上减轻学生的学习压力，是一个值得思考的问题！

吴泽煌老师：听了文校长关于优质课的讲座之后，我深感获益良多。文校长讲述了关于优质课的四个要素，分别是"以生为本、依标靠本、生动有趣、随机应变"，其中我印象最深刻的就是"生动有趣"这一要素。诚然，如何在课堂上充分调动学生的阅读兴趣，是一个教师应该不断思考的问题和努力的方向。我们都经历过学生时代，都知道一节枯燥乏味的课，不但不能让学生有所收获，而且对学生来说是一种折磨。文校长特别提出，教师应该在课堂上设计"兴奋点"，让学生有"期待感"。这个观点我非常认同，也是我一直所追求的。语文是一门语言加文字的学科，带有一定的枯燥性，而且在背诵、书写的负担中，许多学生学习热情不高。我在上语文课的时候，一直喜欢在课堂上拓展一些课外知识，或者讲一些名人趣闻、民间故事，我发现学生对我讲的故事和趣闻非常感兴趣，这对激发学生学习的兴趣和活跃课堂气氛，非常重要。我认为，一节优质的课，应该让学生上完这节课后觉得意犹未尽，回味无穷，对下一节课充满期待，而且能让学生在课堂上学到知识，学会做人的道理，这才是真正意义上的优质课。

沈佳萱老师：我觉得一节优质课要从学生出发，抓住学生的眼球，就要设置课堂的"兴奋点"，让学生被你的课堂所吸引，对你的下一节课有所期待。在课堂上，也要时刻记住，教师只是课堂的主导而非主体，课堂的主体应该是学生。在音乐课堂中，要主动激发学生的音乐兴趣，引导学生主动提出问题，使学生主动开口学唱，主动与老师进行音乐互动。让学生在快乐学习的环境中也可以掌握基本的音乐知识与技能。

文校长的建议引起全校许多老师的回应，大家也都发表了各自独到的看法，大家相互借鉴，共同进步，让韩附各位老师的教研水平更上一层楼。

我们要用智慧和思想奠定教育事业的基础，用人格和魅力成就韩附教学教研的新篇章！

2019 年 10 月 30 日

做最好的自己
——文校长讲座纪实

为引导学生树立正确的人生目标，培养良好的学习和生活习惯。日前，我校文剑辉校长为七年级全体学生开展了"做最好的自己"专题讲座，就中学生如何通过自身的努力，做最好的自己为话题，与学生进行亲切交流。

文校长联系实际，用生动的励志故事讲述了"幸福都是奋斗出来的"人生道理。他鼓励七年级的学生应该树立远大的理想目标，勤奋学习，实现目标；三年努力，皆有可能！

学生们认真地聆听讲座，边思考边做笔记。

文校长用身边典型的事例，引导学生要做最好的自己，就必须做到"五个要"：一是要有理想、目标；二是要有学习榜样；三是要讲究学习方法；四是要珍惜学习时间；五是要热爱文体活动。

校长与在场的学生进行互动交流，学生们主动分享自己聆听讲座的心得体会。

最后，文校长勉励全体学生，以实际行动，努力做到思想好、学习好、身体好，争做一名全面发展的好学生，为实现自己的人生理想而奋斗！

2019 年 11 月 1 日

跑

跟着学生跑起来，忽忘双鬓已变白；
吾虽自知逊后生，师生同场乐开怀！

2019 年 11 月 2 日

如果不是编外的该多好……

2019 年 11 月 11 日

可爱

学生可爱则学校可爱，
学校可爱则社会可爱。
愿此情此景在校园里，

在学生家里，

在大千世界每个角落里，

生根、开花、结果……

 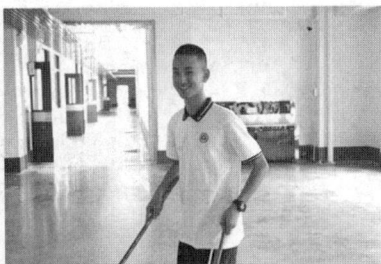

2019 年 11 月 17 日

不多的言语，满满的情怀

——学生给家长的一封信

2019 年 11 月 17 日

孩子们都去睡了，

静悄悄的校园别有一番风味……

2019 年 11 月 24 日

菊

冬日如春更似秋，

田园风景胜画秀；

不是偏爱菊花美，

更羡蜜蜂丛中游。

2019 年 11 月 25 日

一块棉花糖

　　下午，我站在学校操场上，观看学生的三人篮球赛。这时，有一位小姑娘，笑盈盈地朝我走过来，甜甜地说了一句："校长，我给您一块棉花糖。"

　　我对着小姑娘道了一声：谢谢！

糖还没送进嘴里，甜甜的感觉已满胸怀……

那时，已是晚饭时分，也有点饿了，但我还是不忍心把糖吃下，回到宿舍里，拍了张相片，想将童真的爱与大家分享……

愿你我能时时地感觉到生活的滋味就在身边……

2019 年 11 月 30 日

品尝

读书在韩附，研学到紫莲；
乐品书卷味，喜闻泥土香。

2019 年 12 月 12 日

"独学而无友，则孤陋寡闻。"

如果学习中缺乏学友之间的交流切磋，自己一个人冥思苦想，就可能学识浅薄，见闻不广。为此，韩附昨晚举行了别开生面的学习经验交流会。虽窗外寒风习习，然室内气氛热烈……

2019 年 12 月 19 日

记忆

又是一年期末至，亦师亦友惜别离。

未知吾生笑何意？抑或只觉心相宜。

2019 年 12 月 28 日

温暖与鼓舞
——韩山师范学院党委书记幸小涛带队调研团莅临我校考察指导

"十年树木，百年树人"，培养人才是一个学校的神圣使命。为进一步规范学校教学管理，提升我校教学质量，扎实做好新学期各项准备工作，2019 年 12 月 26 日上午，韩山师范学院党委书记幸小涛，党委副书记、校长陈树思，党委副书记、纪委书记林光英，党委副书记吴愈中，党委常委、副校长陈亚林，副校长黄景忠，校长助理文震一行 22 人莅临我校考察指导。韩山师范学院附属实验学校理事会理事长、聚融教育投资有限公司董事长陈壮宏，韩山师范学院附属实验学校理事许乙冰、林潮清、陈柏融及韩山师范学院附属实验学校理事会副理事长、韩山师范学院附属实验学校校长文剑辉，副校长孙波等陪同考察介绍。

为促进师生身心健康发展，丰富师生课余文化生活，保证学生"每天锻炼一小时"，我校自办学以来，一直致力于开展大课间活动。调研组首先观摩了学校的体育大课间活动。上午 9 点 10 分，随着广播体操音乐的响起，学校大课间活动正式开始。在铿锵有力、节奏明快的节拍中，学生们精神抖擞地跑操和做自编操展示，同学们步伐一致，动作整齐，展现了韩附学子朝气蓬勃、积极向上的精神面貌。

观摩了学校大课间体育活动后，调研组与韩山师范学院附属实验学校董事和学校领导进行了座谈。座谈会由韩山师范学院附属实验学校理事许乙冰主持，许理事首先代表学校向韩山师范学院调研组一行表示热烈的欢迎，并向他们长期以来对我校办学工作的关心和支持表示衷心的感谢。

我校校长文剑辉从学校办学宗旨、行政管理、教师队伍建设、学校未来展望等方面进行阐述，向韩山师范学院调研组汇报工作。文校长表示韩山师范学院附属实验学校已经迈出了踏实的第一步，未来将同心协力、砥砺前行，把韩山师范学院附属实验学校办成教育环境智慧化、育人氛围人

性化、办学模式现代化的新型民办学校。他提出，新学年即将到来，学校将继续深化办学制度改革、加强师资队伍建设、着力推进学科建设等方面工作，努力开创学校教育工作新局面。

韩山师范学院党委书记幸小涛就本次调研活动发表讲话，他首先对韩山师范学院附属实验学校理事会理事长、聚融教育投资有限公司董事长陈壮宏先生兴办韩山师范学院附属实验学校的无私贡献和校长、副校长投身于教育事业的精神表示感动，随后他对学校教师、学生的精神风貌给予了高度肯定。他强调，韩山师范学院与韩山师范学院附属实验学校是"亲戚关系"，要让韩山师范学院与韩山师范学院附属实验学校相辅相成，两所学校要利用韩山师范学院的资源优势，共同做好人才的培养工作。

韩山师范学院党委副书记、校长陈树思发表讲话，他引用张载《西铭》中"为往圣继绝学，为万世开太平"的话对学校在教育工作上所做出的努力表示肯定，同时高度赞扬了学校师生的精神面貌，希望韩山师范学院附属实验学校可以将学子培养成谦谦君子。他指出，在今后的工作中，韩山师范学院与附属学校之间要继续加强教育共建，实现合作共赢；要共同加强对教师人才的培养，促进学校的教学发展。

座谈会后，韩山师范学院调研组参观了学校的智慧校园系统、多功能室、大礼堂、游泳池、食堂、学生宿舍。调研组一行关心、了解学生的学习和生活，并对学校特色德育活动、校园文化建设和激情教育给予充分的肯定。韩山师范学院相关处室、学院负责人陪同调研。

2020 年 1 月 1 日

舒服

说实在的，这学期以来，不！准确地说是 2019 年 3 月底到韩附工作以来，还没有一天像今天一样，可以在家里睡个懒觉，看看电视，翻翻书本，涂鸦写字，而没人打扰……真心感谢元旦节！祝大家新年好！节日快乐！

2020 年 1 月 2 日

和谐同步　教学相长

平时在教学过程中，我喜欢课前课后多和学生聊聊天，及时了解学生的感受、问题、建议及要求，适时调整教学方法和教学策略，保持教与学的默契、同步与和谐，实现教学效果最大化。

当每一学期上完一门课，我都会要求学生每人写一张纸条，表达两个方面的内容：一是学生自己的学习评价，引导学生学会自我总结和反思，一是对老师（我的）教学情况进行评价，以达到知己知彼，互相促进，教学相长。

这种做法，虽算不上很有创意，但我觉得很实在、有效。这种做法不是大学教学的专利，初中、高中学段的老师同样适合。老师们如有兴趣，不妨试试。如有其他感受，多多交流。

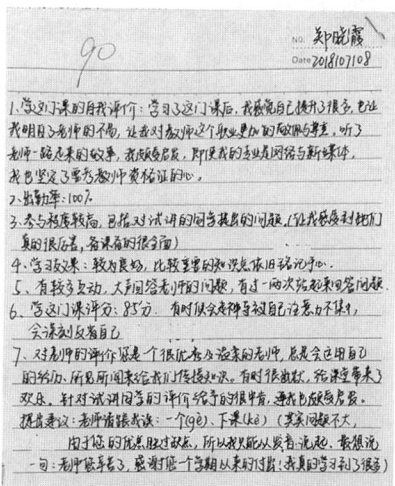

3、对老师的评价：
文老师真的是一个很儒雅的人，课堂上用风趣幽默的语言给我们讲述自己成为一名优秀教师的点滴，没有那严肃古板的教化态度，就像家中和蔼的长者向我们述说着自己的故事一样。
课堂内容充实，简单明了，老师讲课条理清晰，对同学的问题耐心认真地回答。Fighting！文老师！
建议：希望文老师下次开课，上课的时候可以多把话筒传给中间或后面的同学，可能大家也有话想说哦～
2019.12.17

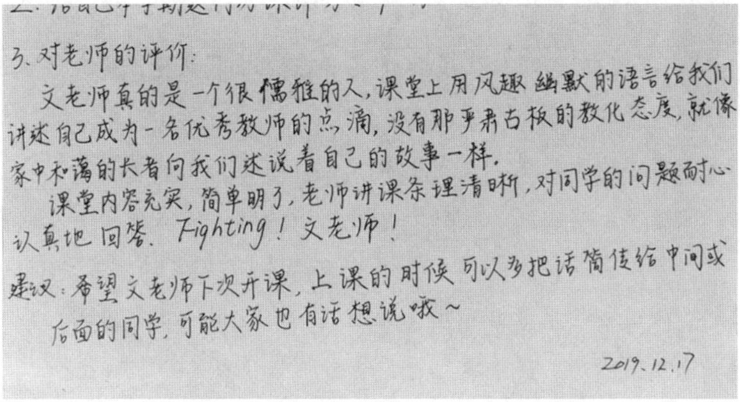

2020 年 1 月 19 日

感恩

平生为师惜学童，重步书斋沐春风；
闲暇提笔抒胸臆，千言万语墨痕中。

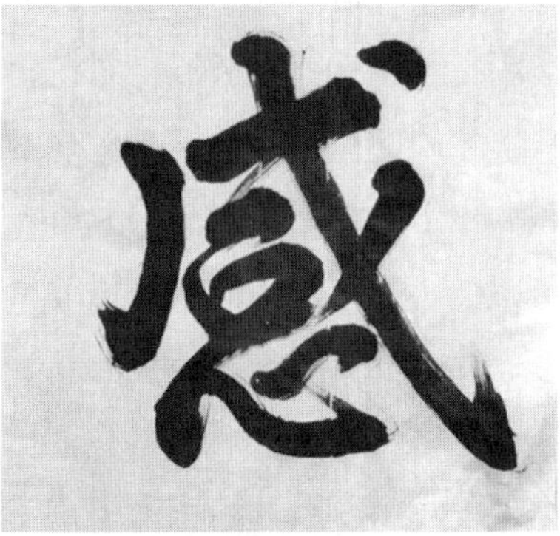

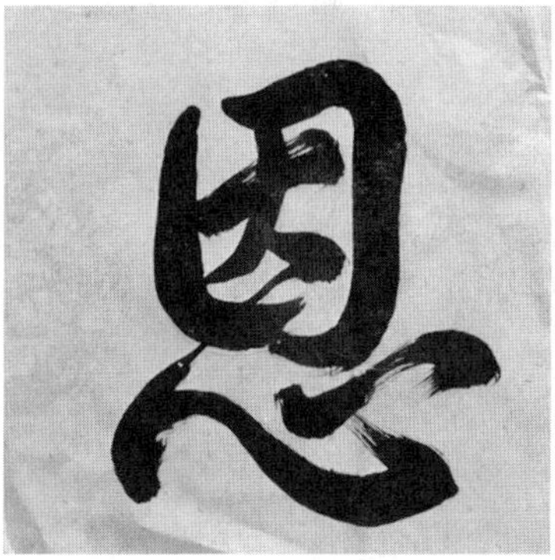

2020 年 2 月 6 日

宅读

一不小心又遇见了易中天先生。易先生的书我还真看了不少，如《易中天品三国》《易中天中华史》《中国的男人和女人》《汉代风云人物》

等。这次到学校值班，偶然又在学校书架上看到了易先生的书——《美学讲稿》，我情不自禁地"偷"了回来（好在窃书不算偷，其实这本书封面有印章，刻的是我校陈主任的名字）。

在这段宅家的时光里，我坐在书房里，在易先生的引导下，品尝到书中美味，领略了苏格拉底、柏拉图、康德等美学家的深邃美学观念和哲学思想，受到很多启发，收获颇丰。书中内容虽有点难嚼，甚至有点干涩，但越嚼越有味道，故推荐给喜欢读书的人，有空找这本书看看，我相信你读完此书，美学观念、美学境界、哲学思维都会步上一个新台阶。

2020 年 2 月 12 日

给韩附孩子的一封信

亲爱的同学们：

你们好！

本来再过几天，我们又可以在韩附见面了。但由于一场突如其来的疫情，改变了我们的开学时间。同学们，我真的很想念你们，很想听到你们像平时一样，在校园里，见面时微笑地对我说一声：校长好！很想念与你们一起在运动场跑步的快乐时光，很想念与你们一起在教室里听老师讲课的活跃时刻，很想念与你们一起在食堂里吃饭时的温馨交流……

在这个"与众不同"的寒假里，我最大的牵挂就是你们的健康、平安。第一次经历这么大的一场疫情，孩子们，你们还好吗？我相信，你们的笑容依然是那么的可爱、那么的阳光！

回想 17 年前，我国也曾有过一场相似的 SARS 疫情，只不过，那时你们都还未出生；那时通信还不像现在这么发达；那时的医疗救助水平与今日相比还差得很远。时间一晃而过，没想到，剧情竟然再次重演。这个新年，因疫情肆虐，我们少了些许热闹与团聚，多了几分清静与平淡。

这个新年，全国人民待在家中，被每日更新的病患数据刺痛着神经，为一线医护人员的英勇无畏感动流泪，被无数平凡人的伟大举动所震动。我们生活在这盛世下的今天，这场无声的战"疫"使我们强大的祖国经受重大的考验，也使我们对健康和生命有了生动和全新的认知。亲爱的同学们，"摧伤虽多意愈厉，直与天地争春回"，没有一个冬天不可逾越，也没有一个春天不会来临。大疫面前，科学防控，方能共克时艰，疫情无情人有情。虽然，现在我们不能像平时一样，一起坐在校园的草坪上面对面地聊天，但我还是想通过文字的方式，跟同学们说说心里话。

在反思中懂得敬畏。同学们，疫情看似意外，却又不是意外。这是大自然在用一种极端的方式唤醒我们的敬畏心：对大自然的敬畏、对规则的敬畏、对生命的敬畏！心存敬畏，行有规矩，动有分寸，我们才堪称是有思想、有觉悟、有智慧的时代新人。

"敬"是"心里始终装着别人"，"畏"是"心中始终装着底线"。一个人只有常存敬畏之心，才能使自己的言行举止有所规约，才能使自己的心灵得到净化、人格得到完善、智慧得到升华。只有每个人都存有"敬畏"之心，才能保证五千年中华文明不断得到天道护佑，薪火传承，生生不息。

同学们，在这个非常时期，我们还要敬畏智慧和勇气。"哪有什么岁月静好，只不过是有人在替你负重前行。"这些天，这句话一直萦绕在我的脑海。我们看到八十四岁高龄的钟南山院士，日夜操劳，大国重器，当之无愧；我们看到七十三岁的李兰娟院士一直奋战在武汉抗疫第一线，带领她的团队，研究重症治疗方案已初见成效；我们还看到许许多多义无反顾、抛家舍子、逆行武汉的白衣天使，英雄之举，令人敬仰；我们更看到寿光菜农连夜摘菜，驰援江城，守望相助，彰显人间真情……大灾有大爱，我们需要危难时刻的英雄主义，更需要奋力担当的责任意识。战胜疫情，需要每一个人都行动起来，以全民的行动赢得最后的胜利。他们是我们共同的学习榜样，更是你们真正值得追捧的明星、尊敬的英雄。

在生活中学会自律。同学们，今年的寒假我们有了更多的时间待在家里，有了许多自由支配的时间去做自己想做的事情。然而，家庭也是一座历练场，居家抗疫也是同学们学会自我管理、自主成长的一个极好的机会。我们要在历练中学会潜心求知，学会自律自强。战胜疫情，除了增强身体免疫力之外，精神免疫力也是强大的力量。学习给予的力量和希望，能让精神也筑起坚固的防毒之堤。前几日，我在网络上看到，在首批入住武汉的"方舱医院"患者里，有这样一位年轻人。他戴着口罩躺在病床上，神情专注地翻看着手中厚厚的书。同学们，他人身处危难尚且如此，我们又有什么理由停住前进的脚步？身体无法远行，但灵魂却可以在路上。不论身处何方，都应该严格地要求自己，在老师的指引下抓好学业，利用假期广泛阅读有益书籍，修身养性，开拓视野，为开学做好充分的准备。在这里，我还想问问同学们：放假前，老师交代的事情你做得怎样？你自己的学习计划完成得怎么样？是不是该抓紧时间了？爸妈上班了，你自己在家里能自觉安排学习和生活，让爸妈放心吗？这次，我们学校发出"阻击疫情，韩附学生在行动"的活动通知，你积极参与了吗？我还真想看到你的优秀作品呢！

在历练中茁壮成长。同学们，除了学习以外，我还想建议你们，不妨利用假期时间，帮助家中的长辈做一些力所能及的事情，积极参加家务劳动，在履行家庭义务的过程中锻炼自己的生活自理能力。这就是我们为战胜疫情所做的有意义的事情。

亲爱的同学们，"不经风雨，怎见彩虹！"一个人的成长，最重要的不是拥有怎样的外在条件，而是拥有奋发向上的内动力和知难而进、坚忍不拔的精神。每个人的成长终究要靠自己去成全，每个人的命运关键要靠自己来把控。在这段特殊的时光里，请学会思考生活，考验自己，只争朝夕，不负少年。这样，我们奋斗的脚步就会在灾厄中前行而更加沉稳，我们的人生会因经历了独特的2020年而更加坚强。经历是一笔财富。终有一天，你们会回头审视今天的自己，希望那时的你没有太多的遗憾，而是收获更多的欣慰。

时光虽短，牵挂很长。2020年的寒假，学校想念着你们，校长、老师们想念着你们。想念你们在教室里琅琅的书声，在操场上欢快的嬉笑声，在学习活动中炙热的研讨声。希望或许会迟到，但从不会缺席！当走出家门不须戴上口罩之时，我们的生活依然会绚烂多彩。"阳光总在风雨后"，让我们静待花开，再聚韩山师范学院附属实验学校，共度美好时光！

顺祝吉祥平安！

牵挂你们的校长　文剑辉
2020 年 2 月 11 日晚

2020 年 3 月 1 日

爸爸

爸爸今年八十八，四代同堂感恩他。
祈愿吉祥安康好，寿比南山敬爸爸！

2020 年 3 月 12 日

最近，追了一部电视剧《孔子》，有机会像孔子的弟子一样，聆听圣人的教诲。有一次孔子对弟子讲了下面一段话，我记下与诸君共读共勉——

"今天我们来讲仁，仁就是二人，就是人与人之间的关系，与父母就是孝；与兄弟就是悌；与夫妇，就是爱；与子女，就是慈；与君王就是忠；与朋友，就是信；与他人，就是诚。"

2020 年 3 月 24 日

师愿

拼在求知少年时，
搏得品学双馨至；
感谢师长勤栽培，
恩泽遥赋鸿鹄志。

（注：应邀为凤塘镇浮岗小学书"拼搏、感恩"随感）

2020 年 4 月 25 日

随感

才走智慧园，又看韩园树。
凤城几里坦途，谁知滋味殊？
世事顺逆进退，繟然善行自如，
朝夕德不孤。
鹭在江上飞，极目观云舒。

韩水动，韩山静，知仁路。

古今通达难易？研习悟若愚。

斟诗酌文寻味，莞尔一笑得许，

书中饮甘露。

清欢应随心，品高当寡欲。

2020 年 5 月 4 日

缅怀
——韩附党员主题活动有感

静待花开，万众齐心同抗虐。

今花妍，灵光世田，党旗猎猎。

昔日英烈打江山，峭壁洞穴染热血。

惜战灵升腾志未酬，看来者。

前赴继，奏凯歌；

山岭边，漫绿叶。

勿忘初心志，放眼长设。

村前村后游人织，红军征程步未歇。

要牢记使命承先烈，心如铁！

2020 年 6 月 2 日

高端大气上档次，低调奢华有内涵

——听文剑辉教授讲座有感

从韩附回来，心中久久无法平静，有写一点感想的冲动。

虽然教了几十年的数学课，但仍几乎词穷，我很想用朴素的文句写出真实的感受，我觉得平平淡淡也是真。

2020 年 5 月 31 日上午，我们在省名班主任陈少华老师的带领下来到韩附，受到几位领导热情接待，并参观校园。学校优雅的环境处处洋溢着学校领导与老师们的智慧。

文教授为我们作了"怎样做一名有滋有味的好老师"专题讲座，分享他刚从韩师毕业回凤凰中学到如今的工作和生活历程：朴朴素素、踏踏实实走好每一步，有滋有味当一名好老师。

刚到凤凰中学，他深深感到一位高中毕业班老师肩负的责任：如果不了解高考状况的话，也是跟学生一样，摸着石头过河，一脸迷茫。因此他乐于钻研，正像他自己说的一样："我作为老师钻进题海，就是为了让学生跳出题海。"

工作第五年学生高考前一个月，文教授生病住院了。人在医院，心里却牵挂着学生。他叫爱人把平时用到的书本、学生的作业、试卷统统拿到医院，把整理出来的类型题、提纲、答案送给学生整理校对，抱病坚持当学生高考的指明灯。这种深植内心的爱生情怀让我深深地感动，我感受到，那是一种很强的爱的力量！这种"爱"，在学生心里，已然内化成一种强大的动力！这一年高考，这座不起眼的山区学校高考成绩斐然！"全国优秀教师"的殊荣非他莫属。一位有梦想、有计划、有行动、有反思、有智慧、有情怀、不忘初心、专业敬业的名师形象展现在我的眼前。

当一名好老师，其根本点在于"教好孩子"：教好"别人的孩子"和"自己的孩子"。

当一名好老师要善于感悟与反思，在"两悟"中提升自我，这是普通老师与好老师的本质差别，而非只追求平平淡淡。

当一名好老师工作要有心思，要在小细节之中，从别人看不到的地方发现问题，从别人想不到的地方找方法，做一个有心思、有眼力的好老师。一名学生做题总犯低级错误，文教授给他的评语是：你错就错在……学生在后面补充上：犯了不该犯的错。师生彼此心灵相通。文教授处处用心帮助学生梳理清楚前进的方向，确实是一位智慧的好老师！

当一名好老师，要善于提升自己的业务水平，感谢文教授总结的学习模式，简单可复制。

当一名好老师，无论工作多忙，都应善于忙里偷闲，参与一些有益身心健康的活动，培养个人业余爱好，"学一点浪漫，多一点情调"。

倾听文教授的讲述，我内心不断产生共鸣。是啊，要学会爱自己，才能更好地爱别人！丰盈的精神、健康的体魄，是不断努力工作的本钱。

当一名老师就是如此"有滋有味"，文教授将自己人生积累起来的智慧分享给了我们，他畅谈人生经历、抒发教书体会，看似信手拈来，实则处处透露着思想精华啊！

作为一名理科老师，他却能出口成章，捕捉时事精髓，从名人名句到名人故事，文采四溢，引人入胜。看着眼前这位已经退休，却还踌躇满志、憧憬未来的老教授，我深感震撼！

在文教授身上，我看到：他的人生志向从来没有因为年龄而退缩，而是随时都可以开始！省名班主任陈少华老师对文教授的评价再恰当不过了：高端大气上档次，低调奢华有内涵。

文教授这有滋有味的教师生涯，不仅有经验的积淀、有知识的给予，更有情感的熏陶。人生能遇到这样的好老师，是孩子们的幸运，是家长的欣慰，而一个学校能有这么办学思路清晰、锐意进取的领导人，前途无量！这，更是社会的需要！

最后，文教授问："如果让你重选一次，你还会继续当老师吗？"

我毫不犹豫回答："会！"

踏踏实实走好每一步，向文教授学习，把教师生涯过得有滋有味，我准备好了！

（本文摘自广东省陈少华名班主任工作室）

2020 年 6 月 17 日

怎样应对人生的困难与挫折——人生旅途，谁都希望一帆风顺。然而，困难与挫折却会不期而至，工作一样，生活一样，读书也一样。学生年少气盛，却缺少历练，确实需要一些点拨和引导。为此，昨晚在韩附的礼堂里，有了一场这样的主题交流……

心灵点拨
——文剑辉校长开展"怎样应对人生的困难与挫折"专题讲座

"青春如初春，如朝日，如百卉之萌动，如利刃之新发于硎，人生最宝贵之时期也。"青少年犹如一张无瑕的白纸，是可塑性最强的时期。因此，引导学生如何应对人生的困难与挫折，树立正确的目标并为之而努力奋斗显得尤为重要。昨天晚上，文剑辉校长"怎样应对人生的困难与挫折"专题讲座在韩附大礼堂召开，韩附初中部全体学生与部分教师到场聆听。

文校长别出心裁，以一曲贝多芬的《命运交响曲》揭开了讲座的序幕，以贝多芬的励志事迹切入讲座的主题。许多名人追梦的故事，浸透着战胜困难与挫折的精彩，文校长用细致入微的生动语气，娓娓道来，点拨着追梦少年的心弦，高瞻远瞩的蓝图构想激励着学子的心灵。

"把困难与挫折当作人生的必修课。"文校长以身边活生生的现实案例及自己成长的丰富经历，引导学生要敢于正视困难，要善于应对挫折，要懂得怎样把困难与挫折转化为成功与收获。学生时而静静倾听，时而激动高呼，时而沉浸在深深的感悟和思考之中。

"锲而舍之，朽木不折；锲而不舍，金石可镂。"文校长语重心长地告诫同学们，若想成功，必定少不了决心和努力、磨砺和坚持。他殷切地鼓励同学们，要高举勇气和希望之明灯，相信自己，脚踏实地，只争朝夕，不负韶华！

讲座高潮迭起，最后在全场高唱《阳光总在风雨后》的歌声中落下帷幕。同学们备受鼓舞、受益匪浅，以热烈的掌声和欢呼声表达了内心的澎湃之情和对文校长的由衷谢意！听了讲座之后，同学们纷纷表示，在今后的成长过程中、在应对学习的困难与生活的挫折中，会走得更加坚定，更深刻地领会"不经风雨，怎见彩虹"的人生哲理。

174

2020 年 6 月 17 日

自勉

晨光艳艳竹柏绿，鱼儿翩翩嬉水趣。

忽闻书房翰墨香，独自偷欢真悦愉。

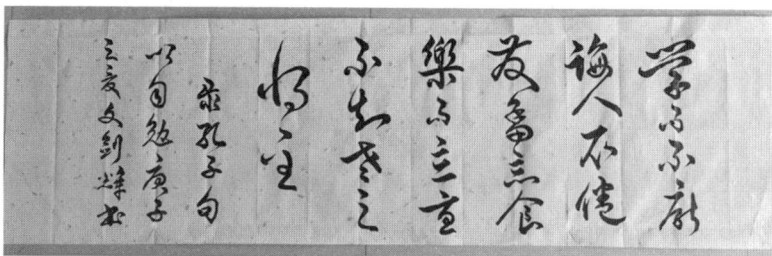

2020 年 8 月 11 日

天伦乐

早在凤城午花城，车轮滚滚赶路程。

未知劳顿为何物？相聚喜悦寄琴声。

2020 年 9 月 4 日

教学之美，

美在思想的交集，

撞击出智慧之光芒；

课堂之美，

美在心灵的涌动，

融汇成知识之长河——

2020 年 9 月 10 日

当老师真好

四十年风雨兼程，桃李春华；四十年酸甜苦辣，无怨无悔。

未来的日子，愿有更多的执着者，乐耕在这片育人的园地上。

放眼看，长江后浪推前浪，革命自有后来人。

2020 年 9 月 16 日

"全面育人，精致育人"

并非说说而已……

2020 年 9 月 18 日

陪伴孩子一起成长……

不做"差不多"的学生　要做更好的自己

　　为了帮助七年级新生能更好地熟悉适应学校的学习生活，更好地融入韩附这个大集体中，培养学生的学习意识、集体意识和责任意识，我校文剑辉校长于近日为韩附七年级新生开展了主题为"不做'差不多'的学生，要做更好的自己"专题讲座。

　　在讲座中，文校长结合主题及自己对同学们学习生活的观察，举例说明，生动形象地讲述了我校多位优秀学生的成长经历和优秀的学习方法。文校长还动情地与同学们分享自己的读书经历、学习过程中难忘的往事，阐明了自己对待奋斗的态度。文校长的故事让在座的同学们深深感悟到：无论是在那个遥远的物质匮乏的年代，还是今天充斥着大量信息资讯的时代，有了学校的学习生活，常与知识相伴，精神就有了依托，心灵不再孤单。

　　文校长给同学们提出了方方面面的具体建议，他认为，作为一个优秀的初中生，应当做好以下几点：

做到"五个要"

一是要有理想目标
二是要有学习榜样
三是要讲究方法
四是要珍惜时间
五是要坚持运动

做更好的自己

一是要有理想目标。要树立自己的理想并一直为之脚踏实地努力奋斗，做到德智体美劳全面发展。

二是要有学习榜样。要善于发现自己身边的榜样力量，向他们学习。在学习的过程中向上向善，见贤思齐，齐步共进，成为更好的自己。

三是要讲究方法。方法来自老师的指导，上课一定要认真听讲；方法来自自己的学习，要学会总结和调整；方法来自向他人学习，不断进步，不断探索和感悟。听课前先预习，找出不懂的知识、发现问题，带着知识点和问题去听课学习，可以达到事半功倍的效果。

四是要珍惜时间。要抓紧时间，合理地支配时间。有计划、有目的、有重点、有步骤地利用好上课与下课的时间；劳逸结合，利用好课余时间，并做到"今日事今日毕"。

五是要坚持运动。保持身心健康的最好办法就是运动。适当的体育锻炼既有利于身心健康，又能提高中考体育成绩，调节紧张的学习情绪，是"双赢"的好做法。

文校长铿锵的话语在同学们的心头激荡，现场气氛融洽，掌声不断。

习近平总书记在 2013 年同各界优秀青年代表座谈时曾说过："人的一生只有一次青春。现在，青春是用来奋斗的；将来，青春是用来回忆的。"文校长用这段话勉励同学们扎实学习，掌握本领，不断提升自己，做一名"品德好""学习好""身体好"的韩附好学生，用火热的青春创造更大的价值。

唯有奋斗，才能留下深深的印记；唯有奋斗，才能永葆青春的朝气。通过本次的讲座，同学们有了崭新的视角，加深了对青春的理解，深刻地领悟到珍惜青春、勤奋学习、不断奋斗的重要意义。他们纷纷表示将谨记文校长教诲，将以更加自信、阳光、勤奋的态度迎接学习和生活的挑战！

2020 年 10 月 11 日

友谊与成长同行

真诚相对，友谊花开。良好的同学关系，能够更好地促进同学之间的互相配合，促进学习生活的共同成长。为形成学校、家庭、社会一体化的育人氛围，提高同学们对友谊的正确认识，促进学生健康快乐成长，2020 年 10 月 9 日晚上，文剑辉校长在韩附大礼堂开展了"友谊与成长同行"专题讲座，全体初二年级学生和部分教师聆听了讲座。

　　讲座伊始，一首周华健的《朋友》吸引了大家，同学们跟着音乐哼唱，疲惫的身心也随之慢慢放松下来。文校长以自身过往经历作为切入点，向同学们分享了自己那些有关友谊的故事，他表示，良好的人际关系在人的发展过程中具有不可替代性。

　　文校长还列举多个历史上著名的友谊典故——如马克思、恩格斯的革命友谊等，也点赞了发生在韩附校园中那些看似平凡却令人感动的"小故事"。希望同学们在交往的过程中能坚持互相帮助、互相体谅、和平共处，知道什么才是真正的朋友，朋友应具备怎样的品质，建立并保持和谐融洽、健康向上的同学友谊并受益终生。

　　同时，通过一些过去发生在国内校园中触目惊心的案例，文校长以案释法，以法论事，告诫同学们必须引以为戒，增强法治观念，增强法律意识，切勿因一时的冲动而酿成无法弥补的过错。

　　针对同学们的年龄特点，紧扣目前同学们学习过程中的情绪变化，文校长从以下几个方面给同学们提出建议：一以真诚建立友谊；二是以热情培养友谊；三是以宽容维护友谊；四是以原则纯化友谊。

　　本次讲座活动不仅为同学们提供了一个了解人际关系的平台，同时也为校园营造了朝气蓬勃与美好的氛围。相信同学们在今后定能更加珍惜校园中的真挚友谊，互帮互助，协同进步，做健康、乐观、文明的韩附学子。

2020 年 10 月 13 日

喜悦

庚子金秋，潮州人、倍感亲切。

湘子桥、牌坊长街，欢呼热烈。

一江韩水平如湖，百姓心潮乐不歇。

只可惜、凝神睹尊容，在网页。

潮文化，家珍列。潮州舰，威风也。

谋复兴大计，中华大略。

古城乘势添新颜，起而行之上台阶。

请再来、品凤凰单丛，听潮乐。

2020 年 10 月 15 日

足球要从娃娃抓起

——观一年级足球公开课有感

小小年纪，可爱稚气；足球场上，大汗淋漓。

跟着老师，学好球技；长大成人，为国争气！

2020 年 10 月 23 日

灵感

今天上午，八年级邱老师上了一节别开生面的作文课——室外作文。我路过时看到学生在花草边观察，在操场上踱步，在石柱边冥想，在长条椅上写作……我走过去问一位学生：这样的上课方式感觉怎样？学生笑着说：好像多了一些灵感……

说得多好啊！灵感，往往来自自然；教学呢，不一定就在教室……

2020 年 10 月 30 日

良性循环

生命在于运动，运动有益健康，健康优化情趣，情趣提升活力，活力促进工作，工作焕发青春，青春激扬生命……

2020 年 11 月 14 日

家长会感言：

再美的校园，不如学校与家庭共同营造的教育乐园；

再好的教育，不如老师与家长齐心协力的和谐教育；

再棒的老师，也代替不了孩子的第一任老师；

再大的愿望，就是让孩子快乐学习、健康成长不仅仅是愿望……

2020 年 11 月 24 日

与青春期的孩子一起成长

——韩附召开初中部学生家长会

文校长为七年级学生家长开展讲座"家长怎么说，孩子愿意听"，他引经据典，站在家长和教育者的双重角度，结合自身教育子女的历程，深入浅出地分析孩子成长过程中的心理特征及矛盾，并向在场的父母提出几点教育建议：一是要尊重孩子，认真倾听和对待孩子提出的问题；二是要理解孩子，把孩子的身心健康放在第一位；三是要做孩子的榜样，为孩子做示范、想办法。文校长的语言通俗易懂，幽默诙谐，现场气氛和谐而热烈，不时爆发出会意的笑声和热烈掌声。

2020 年 12 月 8 日

小学生的研学活动，重点不在于打开问号，而是增加问号，在问号的形成中引发思考，在思考中开阔眼界……

2021 年

2021 年 1 月 2 日

怎样做个聪明人？

学校期末考试将近，我上周给学生开了个关于做好期末复习、考试的动员会。过后，有一个学生很直率地对我说："校长，我想做一个聪明的学生，把这次考试考得更好，我该怎么办？"我觉得现在的学生真有意思，提出的问题，出乎意料。但作为一名老师，学生敢于对你提问题本身就是好事；然而，怎样回答好问题，有时也是一件难事。

我感觉学生的这个问题没有标准答案，属于仁者见仁、智者见智的题目。我脑子转了一下，随即就对这位学生说："就我的看法，你想做一名聪明人，就应该少犯重复性的错误，换句话讲，聪明人就是少犯重复性错误的人。"

因为我认为，只要是人，就不可能不出问题、不犯错误，即使是伟人也是一样。所以，在学习、工作中出问题并不可怕，可怕的是不把问题当问题，那就真的是大问题。

你走过一段路，一不小心踩进一个小泥坑，弄了一腿泥，这可能是不少常人碰过的事情，没有什么大惊小怪的。但是，如果下一次又走同样这条路，你又不看好路，又弄了一腿泥，那可就不应该了。这就是犯重复性的错误！做人、做事，当老师也好，当学生也一样，不记得以往的教训，不懂得自我提醒，不学会自我纠正，这怎么能算得上是一个聪明人呢？你说是不是？

2021 年 1 月 2 日

夜宵现场直播

虽不是最好的方法，却是可贵的态度……

2021 年 1 月 2 日

虽然孩子们，有许多方面还可以做得更好，

但还是要由衷地，给他们这学期的努力点赞；

虽然知道孩子们，过年后又能相见，

但分别时，还是有点依依不舍……

2021 年 1 月 6 日

跑

跑过了春夏秋冬，跑进了少年心中，
跑出了其乐融融，跑赢了健康轻松。

2021 年 1 月 17 日

家访（一）

老师们，你们辛苦啦！
刚刚从讲台上走下来，刚刚从作业堆里站起来，
你们的身影又出现在学生的家内；
平时，你们含辛茹苦，为学生的成长忙碌；
放假后，你们不惜脚步，与家长促膝谈心；
为啥？只为了家校的共同心愿——
让同学们：在校做个好学生，回家当个好孩子，
将来长大了，成为有所作为的人……

2021 年 1 月 17 日

家访（二）

老师们，你们辛苦啦——
刚刚从教室里走出来，刚刚从学生宿舍走开，
你们的身影又出现在学生的家里！
平时，你们兢兢业业，对学生关心体贴；
放假后，你们走进乡村，与家长交流讨论。
为啥？只为了家校的共同心愿——
让同学们在校做个好学生，回家当个好孩子，
将来长大了，成为有所作为的人……

2021 年 1 月 18 日

家访（三）

家长们，拜托啦！

孩子已经放假，你们还没闲暇；

里里外外一把手，工作、孩子两相顾，

说起来容易，做起来辛苦！

还请各位家长：合理安排，统筹兼顾。

为啥？只为我们共同的心愿：

让孩子们过一个快乐的春节，一个充实的寒假……

2021 年 2 月 2 日

给女儿的一封信

文意：

今天是你的 16 周岁生日，爸首先祝你生日快乐！读书进步！健康成长！

在你的生日时刻，我想就快乐、读书、健康三个词谈谈我的想法。你看看我说得对不对，对你是否有帮助？

关于快乐。快乐是人们向往的境界和状况。我认为人生就其生活意义来说，就是努力使自己和他人快乐。也就是说，首先自己要为自己创造快乐，快乐地学习、快乐地工作、快乐地生活。同时，尽可能为你周围的人创造快乐。以快乐影响快乐，以快乐成就快乐，快乐的氛围就越好，生活的快乐就会像我们凤凰单丛茶一样，越品越有味道。比如今早，我看着妈妈带着快乐的心情匆匆到市场为你和浚衔买肉包和豆浆，回来后你们俩津津有味地一边喝豆浆，一边吃肉包，"快乐"两字好像写在你们三个人的脸上。一般来说，小的时候，孩子更多地是享受大人给予的快乐和帮助。但长大了，有能力了，由孩子渐渐成长为大人了，我相信，你的思想也会随着身体在成长；我也相信，在你成长的过程中，会越来越多地想到——我该怎样给家人、给朋友带来一份预想得到的或出乎意料的快乐……作为父母，最想从读书时代的儿女身上得到的快乐，就是看到孩子读书进步、健康成长。

下面说说读书。毋庸置疑，把书读好是读书人的天职，就好像我一样，把工作做好就是我的主业。我想，作为一名学生，如果能把书读好，至少有三个好处：一是对自己好。古人说"万般皆下品，唯有读书高"，这不一定是金玉良言，但至少说明读好书能为人生的高品位、追求的高境界打下坚实的基础。对当今实行的人才选拔机制来说，更是如此。二是对未来好。因为由读好书，到上所好大学，到找份好工作，以至有能力把工作做得更好，它们是相辅相成、互为因果的。三是对家庭好。不论是对祖国这个"大家庭"，还是现在我们的"家庭"，以至以后你自己的"小家庭"都大有好处。修身、齐家、治国、平天下，说的不就是这一道理吗？

所以，我想告诉你的是，把书读得更好，是以后把自己发展得更好的前提，也是快乐幸福的本钱。我想，你高中选择去潮阳实验学校读书，应该有接受更辛苦的考验，把书读得更好的打算。你也知道，发明家爱迪生、被人称为天才的爱迪生，他还认为，天才就是百分之九十九的汗水＋百分之一的天赋！不经风雨，怎见彩虹！好样的，加油吧！

文意，如果把快乐、读书、健康比喻为三兄弟，我认为健康还是老大。只有身心健康，才有快乐可言；只有快乐的心情，才有把书读好的佳境。老爸平生有"三好"：读书、教书、写书（包括练书法）。大言不惭地说，真可谓"书"写人生！而贯穿其中的是好运动，健心身。你也知道，现在你哥哥在医院工作，很忙，强度很大，他仍坚持健身；你妈妈呢，还是个"半马"好手，"瑜伽"新手；你爷爷，八十有九，天天在拍肚子减肥；你看浚衔跑起步来，好像胜过他爷爷当年！我想，你现在处在长身体、长知识、长见识的黄金时代，一定要亮出读好书、做好人、好运动、健心身的好本色。

再祝生日快乐！

爸字
2021 年 2 月 2 日

2021 年 2 月 13 日

写给儿子的一封信

文希：

今天是大年初二，愿你新春快乐，工作如意。

我记得，年底你打电话说：过年你要值班，等到初二才能回来。我说，没关系，春节期间能回来就好。过后，你又说，接到医院通知，因节假日需加强疫情防控，按上级要求这个春节不能回家了。我虽能理解，但还是有些失落。一年到头，你在广州，我在潮州，虽不能说很远，也不能说很难见面。但由于工作等原因，一年就见那么两三次面，还是很想念，特别是过年时。

　　昨天也轮到我值班，一走进校园，就看到保安同志坚守在值班室，在校园里巡查，为的是学校的安全、有序；看到清洁工阿姐在打扫台阶，收拾纸屑，为的是校园的整洁、卫生；你呢，我虽然没现场看到你值班做些什么，但从你发在微信的照片里，看到你在巡查病房，做着一名医师应该做的事。然而，当看到你配在照片后的一句话——"看到病人的笑容，我就很开心"时，我不仅仅是开心，还为你点赞！一般来说，尽职尽责，是很多人在工作时能做到的，但尽职尽责又尽心，就不见得每一个人都能做得到。而你做到了，我真为你高兴！

　　我记得，我到韩附工作之后，在招生宣传册里，我对家长说了一句话：家长们请放心，因为我们很用心！在平时的工作中，我们的老师、学校的同事确实用心热爱学生，用力做好工作。所以，我们的工作得到家长们的认可，绝大部分家长以不同的方式，表达了把小孩送到韩附来读书可以放心的真实感受。

　　俗话说得好，人心都是肉长的。不论哪个行业，不论做什么事，只要我们尽力尽心把工作做到家了，就没有不能做好的事情。把工作做好了，服务对象满意了，我们自己同时也进步了，也开心了。我认为：这里面的满意＋开心就是实实在在的"双赢"。

当然，话说起来容易，做起来难。你虽然有一定的理论功底，有一定的一线历练，已经不断在成长，把你自己的专业做得更好是循序渐进的事情。你自己有信心，我也不用担心。但现在你又是科室的负责人，那可就不一样了。把一个团队带好，比把自己的事情做好困难得多！不同特长的人员要用在最合适的位置上，不同工作风格的人需要去磨合，不同处事性格的人需要去包容，科室发展的诸多事情需要去思考、去引领——不容易啊！

社会在变化，医学在进步，既有机会更有挑战。在信息社会瞬息万变的背景下，爸希望你以不变应万变：不变的是医者仁心，应变的是传承创新。像爸爸一样，当一辈子老师（其实，当校长也一样），保持不变的是一份教育情怀：就是热爱学生、热爱学校、热爱工作。同时，在学习中求进步、在工作中勤思考、在传承中谋创新。

我想，当老师也好，当医师也好，把工作做好了，都会受到人们的尊重。如果一辈子能做一份自己热爱，又受人尊重的事，这就是幸福人生的最大快乐了！愿我们共勉。

以上话语，权当爸爸的唠叨、茶余饭后的闲聊。

希望你劳逸结合，诸事顺利！

爸字
2021 年 2 月 13 日

2021 年 2 月 26 日

"士别三日，当刮目相待"

今天上午，我随机听了七年级陈老师一节语文课，他讲的是"孙权劝学"。这节课，不仅仅是古文的美感吸引了我，古人的好学故事感染了我，更使我耳目一新的是，走上讲台不到一年的陈老师，他的教学功夫有了长足的进步：在课堂教学中，他注重学生学习兴趣的培养、重视学习方法的引导、关注学习意志的激发。更可贵的是，在陈老师的课堂上，我感受到了同学们高度的学习热情和专注的投入，学习古文好像比学习现代文更轻松、更有趣。

2021 年 3 月 4 日

点燃与唤醒

一堂好课有许多着力点，其中，对学生学习愿望的点燃与唤醒尤为重要。上午，随机听了八年级苏老师的一节生物课——"地球上生命的起源"。我觉得，这节课没有太多的知识传授与灌输，更多的是对学生学习积极性的诱发和探究欲望的激发。苏老师巧妙地引导学生在"问题—阅读—探究—生成"的教学过程中主动参与，带着问题细心阅读，探讨问题畅所欲言，解决问题体验愉悦，学生在轻松、快乐的氛围中长了知识，开了眼界。

更可贵的是，苏老师在课堂总结时的一句话，使我眼前一亮，使学生心头一震。苏老师说："同学们，通过这节课的学习，我们知道，地球上生命的起源经过千百年来许多科学家不懈的研究，已有一定的认知，但尚未定论。所以，我希望同学们要好好学习，要敢于探索，说不定以后地球上生命的起源的定论就来自韩附 801 班的同学们！"

化学起源说的主要内容是什么？
是否有充足的证据？
你认为化学起源说具有科学性吗？

化学起源说

内容： 生命是在地球温度下降后，经复杂的化学过程演变而成的，即无机物 有机物 原始生命

证据： 米勒实验

对化学起源说的评价： 科学性强

2021 年 3 月 4 日

理想与现实

经常听到这么一句话：理想很丰满，现实很骨感！今天上午观摩了小学部五年级谢老师的公开课"5 的倍数的特征"后，我觉得，谢老师不仅教学理想很丰满，她所呈现的课堂教学场景更美妙！

谢老师将"小组合作"的教学形式贯穿整个教学过程。她把班里的学生分成若干个学习小组，组里的每个同学都冠以"春、夏、秋、冬"等美好的名字，并以学生喜爱的综艺节目《奔跑吧，兄弟》为蓝本，融合该班（骐骥班）文化内涵，设计了以"奔跑吧，骐骥"为主题的四个闯关游戏：兵强马壮—快马加鞭——马当先—马到成功。整个教学过程充分激发了学生的学习兴趣和新知探究的热情，有利于团队精神的养成，每个教学环节都凸显了谢老师高度的教学投入和聪颖的教学智慧。

通过这节课的观摩，让老师们更加坚定一个信念：敢于尝试，就有收获；只要努力，皆有可能！

2021 年 3 月 13 日

校园小记

刚刚，在韩附的课堂上，

看到了手握教鞭的小老师，

听到了嘹亮的歌声——"学习雷锋好榜样"，

闻到了校园清新的花草香……

2021 年 3 月 28 日

最隆重的生日晚会

刚刚，走过学校的操场，

听到篮球场旁边传来一阵歌声，

走近一看，

一个班的学生围成一个圆，

圆心站着一位学生，

没有蛋糕，没有糖果，

只有节拍伴着歌声——祝你生日快乐！

2021 年 3 月 30 日

校园小记

校园还是那个校园，

灵动的身影，

却玩出不同的滋味……

2021 年 4 月 4 日

写给母亲的祭文

——儿文剑辉敬上

刚刚，祭拜母亲，

当双膝跪下时，眼角的泪滴流了下来，

一幕幕往事浮了上来，我拿出笔纸记了下来。

祭文夹在纸钱里，随着一缕青烟飘上了天台。

母亲，今天是清明节，儿想跟您说说话：

记往昔，儿小不懂母辛苦，不时淘气给您添堵。

曾记得？我读小学时，有一次，

跟小伙伴们玩"抓敌人"，我躲在这边墙角，

手里握着小木枪，听到那边有声音传过来，

我心里窃喜，肯定是敌人来了，我二话没说，冲上去！

想不到，抓住的"敌人"——

竟然是您！一贯不苟言笑、严肃有加的您，

一时哭笑不得。我呢，笑哭不是！

母亲，儿慢慢地长大了，懂事了，

到 1977 年，我响应祖国的召唤，

报名应征，体检通过了，政审关也到了，

我征询您能否去参军。

我记得，您对我说：

"参军虽不错，但你更合适的是读书。"

我说："现在没有高考。"您说："高考总会有的。"

现在，回想起来，觉得您真伟大！

您说这话是在夏天，当年冬天就恢复了高考！

母亲，我 1978 年如您所愿，考上了韩师，

1981 年毕业被分配回家乡的中学工作，

您没有惋惜我没能在城市工作，

茶余饭后，反而时常叮嘱我：

"要像我和你父亲一样，好好教书，不能误人子弟！"

母亲的话，儿牢记于心，至今不敢误人子弟！

母亲，您应该不会忘记，1992 年我被调回母校韩师工作，

自此，也就没有经常在您的身边，照顾您病体。

但我时常提醒自己，等我买了房子，

一定把您和父亲接过来，住在一起，安享天伦之乐。

怎想到，我房子买好了，

您却离开了……

接过来一起住的只有父亲。

呜呼！诚告天下尘世儿女：

孝顺是不能等待的！

母亲，值得欣慰的是，父亲在您走后，

就一直跟我住在一起，他今年八十有九，身体尚好，

虽偶有小恙，却无大碍。

母亲，顺便告知，现在的社会，

风清景明，和谐温馨。

现在的世界，

中国人的腰杆越挺越直！

放心吧，母亲！安息吧，母亲……

2021 年 4 月 12 日

听物理课、数学课有感

动得起，又静得下的合作探究，

既动脑，又动手的师生互动……

2021 年 4 月 14 日

听语文课有感

不仅仅是录播室的设备先进、配套出彩，

不仅仅是刘老师的教学精彩、学生们的演绎多彩，

老师们互相学习的精神更是值得喝彩！

2021 年 5 月 4 日

缘分

今天是"五四"青年节，

总找不到青年时期那样的兴奋。

想想又明白了：

现在虽与青少年有缘，

却早已与青年无分。

有缘是喜欢校园那琅琅书声，

期望在书斋里留下灵动的身影：

时时与老师们切磋，

共商怎样把工作做得更好；

经常与孩子们聊天，

琢磨成长的奥秘……

无分的是青春岁月早已溜过，

青年的名册里搜不到自己的名字。

然而，缘与分特别有趣：

你中有我，我中不能没有你！

因有其缘，故有其分。

老师们在成长，好像自己也在成长；

孩子们在进步，好像自己还在进步……

2021 年 5 月 25 日

我要点赞

　　此时此刻已是深夜 11：46，我到学生宿舍楼走走。当我走到 4 楼宿管老师办公室的时候，看到里边灯还亮着。我走进去看看，发现宿管刘老师在边看书，边做着笔记。我问：看什么书呀？刘老师笑笑地说，是《心本教育》。我说，你是想考心理学资格证？他说，没有，我只是想从书中找一些好方法，平时在宿舍管理学生，或许找学生谈话时可用得上……啊，我终于明白了，这是一种多么朴实的想法、多么可贵的精神，我要为宿管刘老师点赞！

2021 年 5 月 26 日

重走长征路

传承红军魂

2021 年 8 月 4 日

执着的快乐

孩儿的假期多点开花，各有所爱，各自精彩！

老翁的假期两点一线，乐此不疲，痴心不改……

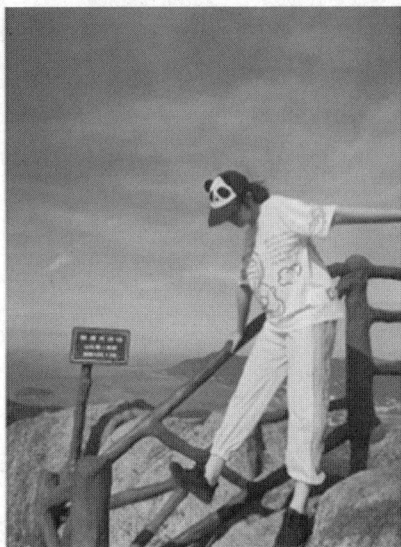

2021 年 8 月 24 日

质量就是这样"磨"出来的

学校教师的四天集中培训刚落下帷幕，这几天，各教研组、备课组又拉开了集体备课、模拟课堂的序幕。有三人一组、有五人一室、有济济一堂，为了一个教学问题，为了把一堂课上好，畅所欲言，切磋琢磨。我觉得，这样的努力不进步很难，这样的教研精神值得点赞！

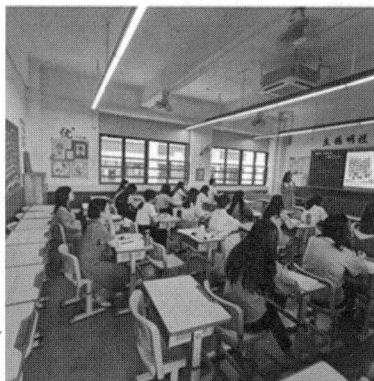

2021 年 8 月 30 日

军训英姿

军训口号："流汗不流泪，再累不掉队。"

2021 年 9 月 19 日

分享

9 月 19 日我应邀到汕头市潮阳区金堡中学讲学。很凑巧，有一位老师刚好是我韩师上"优秀教师成长之路"选修课的一个学生。她在听了我的讲座后，写了下面一篇日记。经她同意，我把她的日记转发到了朋友圈，与大家分享。

今天，大学的文剑辉教授来我们学校讲学。世间的一切遇见，真是奇妙。15年后再次遇到老师，没有想到是在另一个课堂。讲台上的老师，还是那么年轻，侃侃而谈中自带气场，细腻的描述间，让人无法置信他曾是化学专业的老师。

看着讲台上的老师，有点恍惚，仿佛回到了大二那一年。那时候选了老师的选修课，课程的名字好像叫"新课程背景下，教师角色怎样转化"。课程名字虽然有点模糊，但是我敢肯定，当时的成绩一定上90分。

课设在晚上，每次都会兴冲冲从东区翻山到西区去上课，路程十几分钟，累得气喘吁吁，但每次去都兴致勃勃，生怕去慢了没有位置。老师的课堂，氛围真好，十分活跃，上来分享的同学特别多，每一次互动，老师都会保持着微笑，耐心地看着分享者。我十分喜欢听他叙述，语言流畅且细腻过人，每次都不敢眨眼睛，怕错过了什么。他的课之所以能让大家都愿意主动上来发言，是因为老师提的话题很有趣，能让学生思考，引人共鸣。

我那时候就在想，将来我也要成为这样的老师，即便学生没有课本，仍然能被我的语言吸引。我要成为一个有能力和学生侃侃而谈的师长，我希望我的话，能在某一个瞬间点燃学生求知的欲望。

有一次下课，九点多了，一个师姐跟在老师后面提问，我也跟着，安静听老师讲解。要离开的时候，老师笑着对我说："我记得你，你是政法学院的。"那时有点受宠若惊，那么多的学生报选修，他居然能够记住我的名字。这老师，太用心了。

静静听着老师上课，感觉又回到了大学那时候。真好，无忧无虑，有梦想有激情有思辨。15年前，老师在上面，我坐在下面，思考的是怎么样成为一个合格的新教师；15年后的今天，老师还是在上面，我坐在下面，思考的是自己配不配得上是"好老师"。谢谢老师，让我在锋芒毕露的时刻成长，在此刻平平庸庸的时候，都能静下心来想一想，当时的我，为什么出发？是的，岁月易逝，初心未忘。

"我记得你，你是政法学院的。" 15 年前一句，让我受宠若惊。15 年后，我还想继续有机会受宠若惊，那能不能换成是我的学生？就在茫茫人海中，突然出现在我面前，说："我记得你，你是我的政治老师，那时，很喜欢你的课。" 实现这目标，感觉有点难。不过，我不曾放弃。

前阵子一个朋友和我分享了书上的一段话：在我们的生活里，确实存在着某一时刻，或者某一物品，或者某一地点，是我们爱的"增长点"。这里面，存储着爱的某种能量。

离开韩师，时常想念。在这样的一个时刻，看着同一位老师站在讲台，我又想起了那些美好的、有爱的岁月，那里肆意地长着野草，也长着花儿。

2021 年 9 月 21 日

中秋感怀

明月几时圆？仰头问苍天。

任凭玉盘向背，杞人敢争先？

乾坤风云变幻，百年未遇变局，
沉浮谁等闲？
狼烟西方起，搅局乱人间。

天地转，光阴逝，法自然。
莫须生忧，斜阳西下秋意显。
人有亲疏内外，事有轻重急缓，
成败亦有缘。
祈愿人长好，共赏月儿圆。

2021 年 9 月 22 日

校园文化掠影

小小电影院，饭后休闲点；
觉醒的先辈，唤醒新青年！

2021 年 9 月 26 日

夜修的风景

静的，动的，问的，答的……

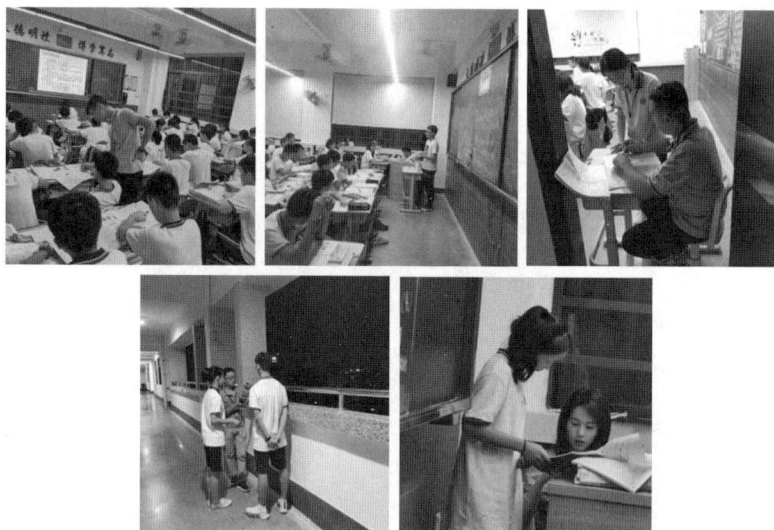

2021 年 10 月 6 日

观日出

凤凰新城丑时驰，山路弯弯秋风细。

崒顶石阶健步上，不觉望眼到天池。

观日台上人熙熙，翘首东方待等急。

屡屡观日未如愿，今朝旭日送笑意。

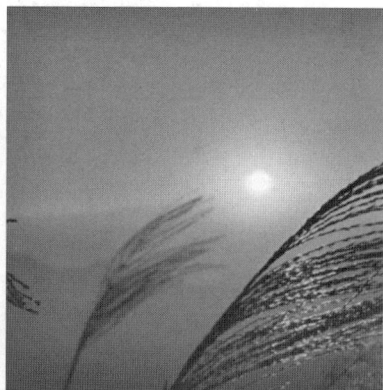

2021 年 11 月 21 日

晨趣

兰竹相依蝶双飞，逗乐鱼儿欢戏水；

花香墨香扑鼻来，端详名帖笔头挥。

2021 年 12 月 21 日

少年游·精彩

冬至元旦，经典诵读，刮目看童孩。

小小年纪，红颜盛装，舞台展风采。

身虽稚嫩志气大，童心向未来。

恰似雏鹰展双翅，迎新年，笑颜开。

2021 年 12 月 23 日

少年游·自强

    ——观小学部中、高年级经典诵读有感

    豪迈唐诗，婉约宋词，千字文妙绝。

    俊美少年，声声慷慨，激扬颂日月。

    书香年华青春梦，人间好时节。

    爱国爱校诵经典，慰先贤，正穿越。

2022 年 2 月 1 日

过年感怀

春节，春雨，沐村里；
兰花，海棠，香家里，
爆竹，烟花，响乡里；
书声，雨声，润心里。
飞东南，转西北，
天宽地阔风光好，
总觉还是家乡美。

2022 年 2 月 19 日

春

是雨是雾各几分？
山风寒冷心温存；
虽未百花齐开放，
一枝独秀满盆春。

2022 年 2 月 27 日

韵

久违春晖步悄悄。茶园嫩芽，翠绿身边绕。

山坡冬笋露头少。排排竹林节节高！

村里红锥谁更老？栈道游人，猜声乐陶陶。

仰头问天天太高。叽喳鸟儿无情扰。

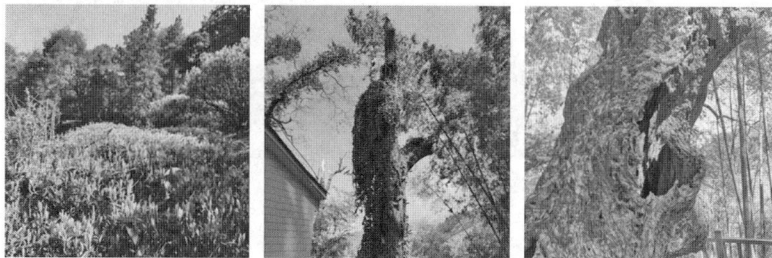

2022 年 3 月 10 日

恭祝家父九十大寿

慈眉善目吾家翁，身心尚健天年功。

豁达乐观享岁月，祈似南山不老松。

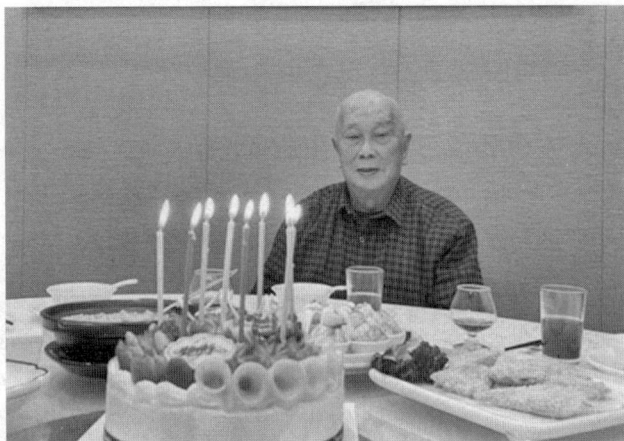

2022 年 4 月 26 日

赞

体育考，天时地利人和好。学子跑，师者场外，加油如啸。

平时训练不惜劳，跳跑成绩皆提高。勿骄傲，砥砺前行，再拼大考！

2022 年 4 月 30 日

游石湖即景

薄雾蒙蒙水连天，游人如鲫赛神仙。

一袭清风扑面来，山花红叶神更妍。

2022 年 5 月 21 日

爽

周末惬意何处求？溪美畲村夏胜秋。

珍珠杨梅惹人醉，江上清风忘返游。

2022 年 5 月 24 日

周末小调

夏小满，山里春未了。

微风拂面青山绕，一溪清流修竹俏。

倚阑观妖娆。

夕阳下，月儿上树梢。
窗外垂钓渔夫乐，厅内读书莫
名笑。
随性觅逍遥。

2022 年 6 月 19 日

西湖游
喧嚣凤城一青螺，
雨后清新游人多。
虽无西子逛苏堤，
阿哥琴声荡山坡。

 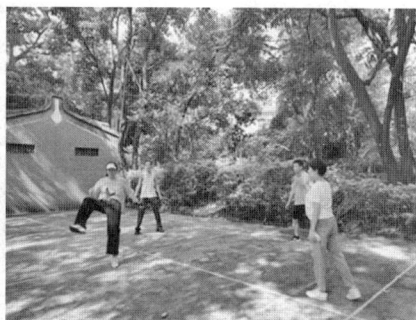

2022 年 6 月 20 日

跑

跑跑跑，老夫装年少。
以身作则胜呐喊，孩子谁愿输文老？
个个加油跑！

好好好，学子又长高。
亲临其境鼓士气，健身强体乐陶陶。
任重奔远道！

2022 年 6 月 25 日

孩子们，加油

三载相伴弹指间，蟾宫折桂在明天。

不问前路花锦簇，但愿学子皆欢颜！

祝孩子们在中考中：身体好、心态好、考得好！为自己争气，为老师、家长、学校争光！加油！

2022 年 7 月 1 日

为党点赞

开天辟地起南湖，运筹帷幄道不孤。
红星照耀井冈山，草鞋踏平长征路。
延安窑洞江山点，蒋军百万似蚍蜉。
站起富起强起来，东方明珠今朝殊！

2022 年 7 月 26 日

教育之恋

教书生涯，四一载，载载不歇。
从小学，初中高中，直至大学。

三尺讲台写春秋，粉笔飞扬绘日月。

公民办，画了个圆满，真愉悦。

教与学，费心血。师与生，齐跨越。

齐跨越，策鞭驰骋原野。

老骥伏枥志于心，殚精竭虑勤于业。

无怨悔，举杯尊孔圣，翻新页。

2022 年 8 月 14 日

漫谈人生路

——"台阶理论"

昨天晚上，跟几位大朋友、小朋友一起漫谈、聊天。因为小朋友们即将读大学，走上人生的新征程。在此关键时刻，我谈到自己人生旅途中感受出来的"台阶理论"，现与大家分享，恳请探讨、切磋、指正。

（1）理论要点：人生之路如走台阶，走好了，一步一个脚印，走一步上一个新台阶，走几步到了一个新平台。走着走着，站位更高了，境界更开阔了，平台更大了，人生的意义和幸福感就在这脚下的每一步中体现出来。

（2）理论要素（关键词）：走路——意指人生之路；台阶——不同台阶代表不同站位层次；平台——由一个平台过渡到另一个平台，体现人生过程中量变引起质变的辩证关系。

（3）理论解释：鲁迅先生说，世上本没有路，走的人多了也便成了路。确实世上路有千万条，都是人走出来的，或是人造出来的。诚然，不同的人选择走不同的路，不同的路就会品尝到人生不同的味道。无可非议，只要自己想清楚就行，要温馨提醒的是：千万别迷了路自己还不知道。

我个人认为，人生如果选择比较平坦的路走，当然轻松，但它的终点跟起点就基本在同一个水平面上。平面人生，没了站位感，少了新平台，甚至还会在原地打转。我建议，人生之路还是要走"有台阶"的路，虽然辛苦点，但每走一步就是新提升，每走一步就有新眼界，说不定走到另一个新平台，你就有"一览众山小"的感觉，有风景这边独好的感慨。

（4）理论达成：要达成"台阶理论"，我认为至少要做到——

一是要有规划意识。要有自己明确的人生规划（包括学习规划、工作规划、生活规划等）。规划可以分段，每个阶段设立相应目标。你有长期规划、短期目标，行动方向就明确，先后缓急就清楚。目标方向明确，就不会迷茫；做事顺序清晰，就忙而不乱，就像走台阶一样，一步一步往上走，有节奏有效果，习惯了，其实也不累。

二是要有坚韧意志。积极的人生规划应该是上升的，目标的上升就需要走台阶；上台阶的过程是要花力气的，不像走平路那么轻松。所以你若要选择走"台阶路"，就要有吃苦的心理准备，要敢于花力气，乐此不疲，直至登顶，实现目标。

三是要有强健体魄。身体是先辈革命的本钱，身体是父辈工作的本钱，身体也是孩子们学习的本钱。在任何人生阶段都要有主动锻炼身体的习惯，持之以恒。身心强健了，你就有足够的勇气和力气走好每个台阶，甚至一步两台阶。

四是要有志同道合的朋友。甘于寂寞是一种境界，如能约上三两个志同道合的朋友一起走，就更有意思。因为爬台阶的过程难免会不小心摔一跤，这时有人拉你一把；累了难免想歇歇，这时有人鼓励你继续往前走。俗话说：多个朋友多条路；我也想说，走好路需要好朋友。

（5）理论备注：可能有人说，我的"台阶理论"太老旧啦、太传统啦。现在有的是汽车、有的是电梯甚至飞机等，这不是可以把路走得更快吗？何必还走台阶呢？我想告诉各位朋友的是，汽车、电梯等是外部条件，就像富二代一样，他们有父辈为他们打下基础，积累几大桶金。但据我了解，我们朋友圈里还少有这样的外部条件。所以，我现在讲的主要是怎样发挥人的主观能动性，怎样做更好的自己。虽然我的"台阶理论"有局限性，但不失为抛砖引玉吧？特别是小朋友们，希望你们能放下手上的手机，看看我的这些文字，更希望你们有不同看法，说出来一起切磋。作为过来人，我祝愿你们逐渐走向成熟，走向成功！

2022 年 9 月 10 日

"双节"感怀

双节同至，真有缘，尊师赏月。

天地间，惺惺相惜，冥冥相约。

天女散花嫦娥笑，教人子弟先生乐。

无间道，圆融地球村，众愿也。

树欲静，风不歇。东风起，西风烈。

杞人忧？为何战旗猎猎！

蠢蠢蚍蜉欲撼树，众志成城木为铁。

君莫忘，佳节举杯时，邀明月。

2022 年 10 月 3 日

聪与愚

路人说我实在愚，人家晒钱我晒书；

其实聪愚非书钱，成败关键在"两悟"。

（注："两悟"，一是指觉悟，发自内心想做事并把事情做得更好；二是指悟性，善于在做事过程中进行感悟和反思）

2022 年 10 月 4 日

惬意重阳

畅沐晨光，脚踏南岭，指点尖山。

看茶园绿遍，青翠尽染；山蝶出没，鸟鸣清朗。

云游长空，蔚蓝苍穹；金秋时景一了然。

放眼望，问潮汕大地，哪有这爽？

回首故乡当年，爬山坡健步如飞焉。

恰血气方刚，意气风发；锄头高举，不畏艰难。

教人子弟，为学为善，勤恳乐业曾为冠。

登高处，迎凉风习习，山脉绵绵。

2022 年 10 月 7 日

随想

秋风爽，党日活动凤凰山。
凤凰山，红军精神，
薪火相传。

昔日老区鲜血染，
而今茶园游人欢。
游人欢，品茗畅想，
居安思难？

2022 年 10 月 15 日

读友人推荐文书有感

清晨好友送幽兰。
再品苏轼，心神甚感染。
苏公仕途不舒坦。
东坡心路仍超然。
我行我素敢问天。
豪健清新，恣肆慰心安。

人生若求多滋味，
劝君闲暇读子瞻。

2022 年 11 月 7 日

托起明天的太阳
——重温苏轼《自题金山画像》有感

心似不老之儒，身系教育之需。
问吾平生事业，读书教书写书。
（注：写书包括喜爱书法）

2022 年 11 月 13 日

登尖山
晨倚阳台边，午在尖山巅；
常常念叨登山去，如愿在今天。
此情何以堪？家山遥相见。
终识尖山真面目，放眼山外有山。

2022 年 11 月 23 日

2016 年，我在暨南大学出版社出版了《优秀教师成长之路》一书。近日，澄海建阳小学青年教师欧子萍老师在澄海教师工作室《读写年华》发表了她的读后感。欧老师说：这篇约 4 000 字的文章，从初稿到终稿，大约写了两年，主要都是一些日常点滴的感悟和经验总结。

我读了欧老师的读后感，深有感触：年轻的欧老师，能在工作过程中喜爱读书，善于感悟，我觉得难能可贵。作为一名老教师，我的书能在教师成长之路上，给青年教师一点启发和帮助，也甚感欣慰。

下面把欧老师的读后感要点与大家分享。

新时代　新教师　新成长

——《优秀教师成长之路》读后感要点

汕头市澄海区建阳小学　欧子萍

茫茫书海中，遇见一本好书，犹如邂逅一位一见如故的朋友。他无私地将自己宝贵的智慧、精彩动人的故事向你娓娓道来……

有一次，我有幸参加了全国优秀教师韩山师范学院文剑辉教授的"如何做一名有滋有味的好老师"专题讲座。过后，我拜读了他的一本书《优秀教师成长之路》，令我受益匪浅。这本书是作者 30 多年从事教学改革的实践和思考，是一部指导青年教师如何成长为优秀教师的著作。

下面，是我围绕新时代、新教师、新成长的四点感想的要点，简称"四部曲"。

第一部曲——找准定位，正确认知教师角色。

第二部曲——站稳讲台，丰富教育教学经验。

第三部曲——吾日三省吾身，提升反思能力。

第四部曲——践行爱的教育，提升人格魅力。

2023 年 1 月 17 日

梅园行

东坑青梅乡，花开非墙角。
放眼梅园一片片，丛丛花枝俏。
花儿不作声，朵朵惹我笑。
虽无雪花伴梅花，山色尽妖娆。

2023 年 1 月 30 日

赠女儿

年少识浅显稚气，家校连廊。
家校连廊，书斋刷题时彷徨。

而今长大已成人，责任担当。
责任担当，家国情怀不能忘。

2023 年 2 月 5 日

元夕

烟花璀璨催春雨，惊山鸟，嬉江鱼。
车水马龙乐几许？
寂寞三载，今朝放开，四方鱼龙舞。

一杯清茶慰劳顿，两壶浊酒侃甘苦。
并是人间好去处。
元夕过后，春暖花开，携手新征途。

2023 年 2 月 25 日

琴韵

黑白琴键任君敲，敲错不禁一笑。
左右游走非无聊。
无声真无意？有音催春俏。

跌宕起伏凭指巧，双手交错弹跳。
旋律变幻皆曲调。
人生如弹琴，其中尽奥妙。

2023 年 4 月 5 日

思念

慎终追远步悄悄，
燕子飞过，墓地银纸飘。
忆起往事言语少。
凝视坡上青青草。

民德归厚路迢迢，

白云飘过，祭场烛烟绕。

岁月无意催人老。

天上人间皆安好。

2023 年 4 月 15 日

悼念伟南先生

伟业成，功成在努力。

激流勇进闯乱世，审时度势家业起。

情怀美如诗。

南针指，奉献显价值。

不失其所芳久远，逝而不忘寿者稀。

缅怀众心里。

2023 年 4 月 22 日

春趣

惬意春晓，驱车出行早。

山路逶迤似扭腰，山色这边
独好。

俯闻溪上清风，化酿书香浓浓。

仰观天边山峰，尽是郁郁葱葱。

2023 年 4 月 23 日

读书之美
——写在世界读书日

爱美之心，人皆有，焉知读书之美？
悠悠书香，熏得君，神形妍好韵佳美。
书海泛游，逆水行舟，酣畅未觉累。
书山无径，高处风光更美！

默背《老子》通篇？
憋出虚汗，见笑心内。
孔孟精髓，阅啃间，实觉惭愧吾辈。
古文观止，越读越难止，美美翻倍。
人生如书，愈读愈有滋味。

2023 年 4 月 29 日

韵
山村春深尽芳菲，
最是层绿惹人醉。
一壶清茗三五客，
聊东聊西不思归。

2023 年 5 月 12 日

赞
——写在韩附艺术节

喜上眉梢，夫何故？多彩佳节来到！

爵士鼓响，琴声袅，书画谜台更俏。

璀璨舞台，科技平台，创客意境好。

美美如画，惊叹师生巧妙！

更看辣妈团队，那婀娜舞姿，孩儿窃笑。

亲子活动，玩乐间，作品刮目相瞧。

师生同台，彰显正能量，声情并茂。

未来征途，愿孩子更灵巧。

2023 年 5 月 27 日

游红山

初夏徒步觅山鸟，

不见踪影，只闻声声叫。

路边济公好纳闷，

何为胜景游人少？

山林青翠小路绕，

潺浮菁华，隐隐见树梢。

连廊诗词古韵妙。
迥异书艺尽妖娆。

2023 年 7 年 28 日

广场乐

健者秀腿功，
毽飞如流星。
轮上青春更精彩，
累并笑颜开。

老夫傍年少，
慢跑感觉好。
歌者舞者乐开怀，
强健向未来！

2023 年 8 月 1 日

爱其所爱，乐其所乐；

斗胆献丑，请君指导。

——学临文徵明书《兰亭序》习作

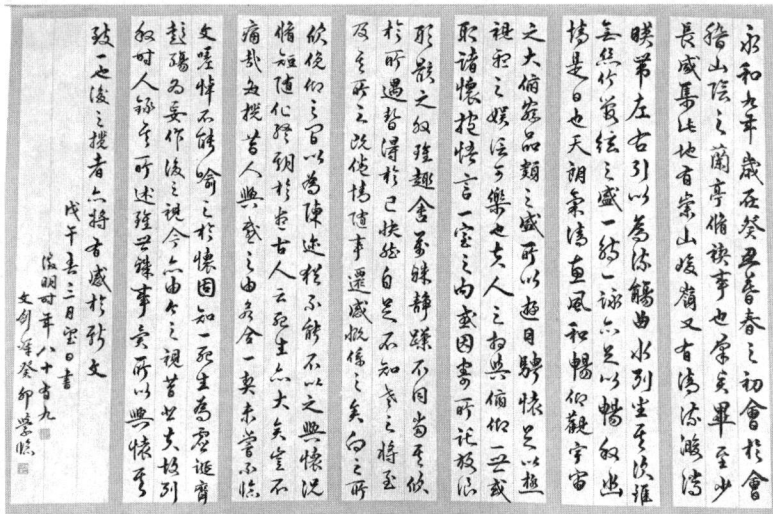

2023 年 8 月 2 日

云之南

朝走韩江畔，暮步丽江街。

碧空万里翱翔，云端瞰原野。

白龙风驰电掣，窗外河山如画，舒心任君写。

嫦娥天上曰：人间真美也！

山色青，水波静，东风烈。

四季景象如春，凉风拂绿叶。

重踏玉龙雪山，再临香格里拉，最美是夏雪！
春城添新颜，游君赏心悦。

2023 年 8 月 3 日

致敬玉龙雪山
君知否，丽江楼层皆不高，
虔诚信众尊玉龙。
君知否，国域疆土最南边，
四季如冬皆积雪。
龙顶海拔四千六，风光无限在雪峰。
风花雪月总成趣，春夏秋冬景色殊。
松虽逊雪三分白，雪却输松一抹青。
黄山松，玉龙雪，未输赢，各精彩。
请君随我来，携手登顶步更快！
气喘吁吁不足奇，峰上放眼千万里。
邀片彩云飞遥台，摸摸星星观苍穹。
山凝雪，雪连天，
天人合一仙气灵，道法自然心虔诚。

2023 年 8 月 4 日

观涛
——游虎跳峡

放眼惊涛，思无量，
自然之力怎挡？
猛虎腾空，跃江过，
吓跳古道茶马！
东为玉龙，西为哈巴，
伟哉虎跳峡！
金沙上游，
长江风景如画！

2023 年 8 月 6 日

"旅" 在途上

昨游神仙宜居地，
今享风花雪月时。
印象丽江韵犹在，
香格风情铭心怀。

喜洲粑粑食客欢，

神韵大理人鼎沸。

"理想邦"上酿理想，

洱海观月偕君来。

2023 年 9 月 9 日

习书《正气歌》有感

字字正气，句句浩然。

浩然正气，习养几何？

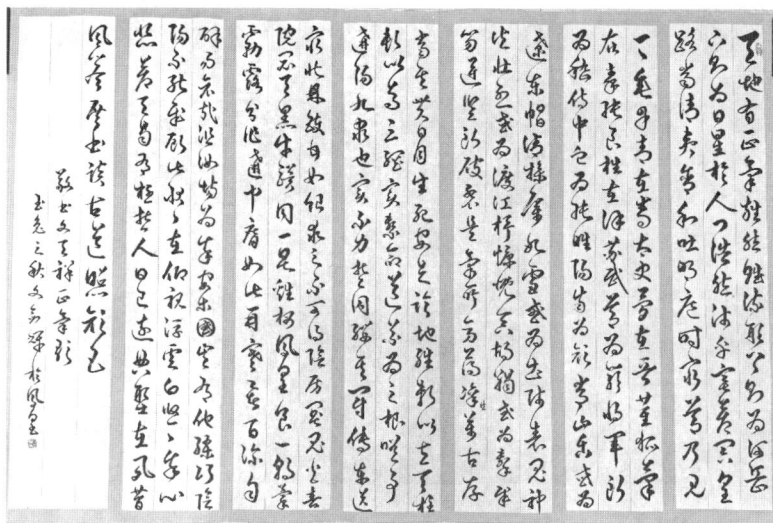

2023 年 9 月 10 日

就业与事业

——写在第 39 个教师节

就业是谋生之道，

用汗水换来柴米油盐，
体现的是自食其力。

事业是生命的升华，
用智慧感悟：
人活着不仅仅是为了柴米油盐，
还要体现出应有的社会价值。

教师岗位既是就业更是事业，
让我们携手前行，
用汗水和智慧，
教好书，使中华文化薪火相传，
育好人，愿万家灯火越来越亮。

二、退而不休　发挥余热

2018 年 2 月，我达到退休年龄了。退休后，我被韩师聘为教学督导老师。督导老师主要是对学校的教学工作进行督查和指导。我们几位督导老师更多地是深入课堂听老师的课，并进行评课。这样的工作确实对学校课堂教学质量的提升和教师队伍的建设起到一定的推动作用，对教学工作的优化也有比较强的现实意义。

2019 年 4 月，韩师与潮州市聚融投资有限公司联合创办了韩山师范学院附属实验学校。我被聘任为该校第一任校长，任期三年。三年中，在韩师和社会各界的关心下，在学校董事会的大力支持下，老师们团结一致，协同努力，共同朝着把韩附办成教育环境现代化、育人氛围人性化、教学模式现代化的新型民办学校而努力。

我觉得要办好一所学校，作为校长，首先，要有清晰的办学思路，做好思想引领。我通过社会调查，与家长、老师，包括董事会的成员一起探讨，一致确定学校的办学宗旨、办学理念和学校的校训。

学校的办学宗旨是：传承韩师文脉，培育时代新人。

学校的办学理念是：全面育人，精致育人。

学校的校训是：立德、明礼、博学、笃志。

学校办学思想的确立，既符合党的教育方针，又有自己的特色和内涵。通过三年多的实践检验，证明学校的办学思想是正确的，是行之有效的。

经过三年的不懈努力，韩附呈现出校园美、校风好、质量逐步提高的发展态势。我也有理由相信：韩附的明天会更好！

三、同行勉励　倍加珍惜

42 年的教育生涯，我虽然变换了不少岗位，但从来没离开过教育队伍。

在中学阶段（1981—1992 年），我由初出茅庐的中学年轻教师逐渐成长为教研组长、副校长、校长。

在韩师工作期间（1992—2019 年），我担任"化学教学论""教师教育技能""教师成长之路"等课程的任课老师，又任过韩师人事处的副处长、中文系党总支书记、党委组织部部长。

在韩师附属实验学校工作期间，2019 年 4 月至 2022 年 7 月任该校校长；2022 年 8 月至今被聘为名誉校长。

42 年的风风雨雨，已是物是人非。但最令我欣慰的是从来没走下讲台，一直坚守在教学第一线。现在我已经退休 5 年多了，每学期在韩师都有我讲授的选修课："优秀教师成长之路"。我愿在有生之年，为教育事业再尽一份微薄之力。

42 年的教育生涯，工作做得怎么样，我已做了真诚、真实的表述。至于我究竟干得怎样，还得了解我、接近我的同事、朋友说的才算。

很有意思的是，韩师有关部门曾经组织韩师校友访谈小组，对我的一些单位同事进行采访。下面是采访组的采访记录、在韩附工作期间部分同事和我以前教过的部分学生对我的"印象"。

（一） 韩山师范学院原中文系主任、文学院院长赵松元教授

说到老文呢，应该说他就是我的一个好搭档，他在中文系工作了八年，从 2004 年到 2012 年。在 2004 年到 2007 年 4 月他和梅大圣教授（时任中文系主任）合作，担任中文系的党总支书记。2007 年 4 月开始我和他合作到 2012 年，他也担任党总支书记，我们一起相处了五六年之久。

应该说，在这几年中，我体会最深的就是：我们两个人作为中文系的领头人，能够互相体谅，互相合作，互相支持。所以我们整个班子非常团结和奋发向上，形成了 1 加 1 大于 2 的团队效应，从而赢得了老师们的支持，形成了整体性的和谐快乐的工作氛围。中文系的教学科研工作以及人才培养工作也能够得以有效推进，取得了比较丰硕的建设成果，逐渐在省内外形成了较好的影响力，由此进入了大家所说的"中文系史上的黄金时代"。这其中有很多老师的努力，当然也离不开老文的努力和贡献。

老文作为党总支书记，负责党建的工作，负责老师和学生的思想政治工作。我们俩合作，我在前面冲，他则致力于做我的坚强后盾，同心同德，所以合作非常愉快。

2012 年，老文要调任学校党委组织部部长，要离开中文系，我为他要担当重任感到由衷高兴。与此同时，我又特别舍不得这样一位好搭档离开中文系。在欢送会上，作为中文系主任，作为亲密合作的老搭档，我有很多很多话想说。但因为时间关系，谨用四个字来概括我对老文的评价，这四个字就是："正、重、细、仁"。

第一是"正"，所谓"正"，就是公正的正，刚正的正，正直的正。老文是一个非常正派的人。作为一个领导，如果不正则不能树立威信。孔子说，"其身正，不令而行；其身不正，虽令不从"。在我看来，作为一个领导应该以正立身，满满的正能量，这样才能以身作则，依靠个人的言行和魅力来影响和感召大家。自己立身正，公正公平做事，就能赢得大家的拥戴，就能形成良好的风气，从而把工作有效开展起来。我想这也是我和老文共同的理念，也因为有共同的理念，我们整个班子都是用满腔的正气来做事情。所以我想"一身正气，两袖清风"这个评价是完全可以的。

第二个是"重",他的性格非常稳重,品行很厚重。我们知道有一个成语叫"厚德载物"。"厚德载物"出自《易经》,原文是:"天行健,君子以自强不息;地势坤,君子以厚德载物。"意思是说,天的运动刚强劲健,以强有力不可抗拒的运行法则影响世界,君子应像天一样不断进取、追求、强健、刚毅坚卓、发奋图强;大地的宽阔、厚实、和顺,可以容载万物,君子要增厚美德,像大地一样宽厚、仁爱,有包容万物的胸怀。我觉得,老文就是自强不息、厚德载物的当世君子之一。他给人的感觉不仅自尊自强,而且特别厚重稳健。孔子说:"君子不重则不威,学则不固。""厚重"的品格是非常重要的人生修养。老文胸怀很开阔,很厚重,做事情特别稳健。良好的工作理念,稳重的性情再加上一身正气,工作就更能够做好了。

第三是"细",他非常细心,做事情非常细致。因为他是学化学的,跟我们学文科的有着不同特点。他的逻辑思维比较好。我们一般感性思维比较好,他做事的条理好,风格细致、细腻,可以把工作做到极致,又往往令人如沐春风。

第四,就是"仁",这是他非常重要的特点,仁者爱人。他是一个有仁爱情怀的人,是一个具有君子品德的人,真正体现了孔子"里仁为美"的真义。他把仁爱落实到老师的身上,落实到学生的身上,所以我们中文系有一个共同的理念:善待学生,关爱学生。这也使中文系的学生受益,整个中文系形成和谐团结、充满着爱的关怀的好氛围。很多海内外的学者到我们中文系来做交流,都说我们中文系的氛围特别好。就是说我们有比较好的班子,有互相友爱、互相支持、互相理解、相处融洽的这么一种氛围。这一点在领头人身上有很好的体现。或者换句话说,如果领头人做不到这一点的话,那么整个单位很难形成这么一种和谐融洽的氛围。

总之,老文以他君子一般的优秀品质,立身处世,为中文系的发展作出了杰出贡献。我特别感谢老文,为与老文在一起工作五六年感到幸福快乐!

以上这些就是我对老文的评价、体会、感受。

（二）韩山师范学院图书馆副馆长黄俊盛

我来韩师化生系工作的时候就跟文老师共事。在我眼中，首先他是我的一个师长，无论是从教书方面还是工作方面都给了我很多指导。

文部长虽然担任过韩师组织部部长，但是认识他二十年来，他始终没有放下他作为老师的责任。他教学业务能力很强，最大的一个特点就是能够紧跟我们国家基础教育形势，把新要求贯穿在整个教学过程，把一些新的理念和做法及时地传授给学生，所以他的课学生非常喜欢。他不但个人能力好，而且能够注重学习，与时俱进。工作上我觉得他这个人最大的优点就是正派，事业心非常强，体现出一个好老师的正面形象，这也体现在他的心态、世界观、价值观上。

文部长还提出关于当教师的一个观点：一个优秀老师要做好的事就是"教好孩子"，包括教好自己的孩子和教好别人的孩子，我觉得他对教师这个职业的概括非常准确。

文部长的教学理念中有一点对我的影响还是比较深刻的，就是体验式教学。他主张要用体验式的教学方法来取代过去填鸭式的教学方法，要让学生真正参与课堂。学生参与课堂后，就要调动学生们积极互动、体验课堂，这样做学生的收获会更大。不过这样对老师的要求就会更高，要怎样去组织和安排课堂，这就需要有非常强的组织能力；还需要做好充分的准备，思考可能遇到的问题，事先做好应对的准备。

文部长还根据自己的教育体会，写了一本书——《优秀教师成长之路》。这本书对教师有较强的指导性和实用性。文部长的教育活动还有许多，比如他还经常被邀请到校外单位开讲座。他把自己研究的成果与其他老师，包括其他行业的同志分享。

总之，文老师的教育理念和工作理念对我的影响是比较大的。文老师确实称得上是一名好老师。

（三）凤凰华侨中学原副校长李擎天

我与文剑辉校长共事十载的记忆

最近闻悉文剑辉校长将完成一部传记，我觉得很有意义，文校长的成长过程、人生经历，如果能很好地进行总结，把经验留给后人，这将给年轻人，特别是有志于教育事业的年轻教师带来启迪。

我与文剑辉校长共事十载，他不只是我的同事，还是我的领导。这十年可以说是他走上教育的起步阶段，同时也是他夯实人生基石的不平凡的历程，从一个普通的中学教师成长为一个中学校长，其中他所做的努力，所付出的艰辛是不言而喻的。

当教师时，他教学认真，潜心钻研教材，不断创新教学方法，教学效果显著，深受学生欢迎。1986 年，他所授课的学生，化学科高考成绩获得潮州市第一名的好成绩。一个山区中学能取得如此成绩是多么难得，这也是对文老师辛勤耕耘的回报。他的教学获得师生们乃至社会的一致认可，1989 年，文校长光荣地被评为"全国优秀教师"。

1990 年，凤凰华侨中学诞生，经过凤凰镇委、凤凰海外侨胞的大力推荐，潮安县教育局任命文剑辉为凤凰华侨中学校长。凤凰人民的重托，海外华侨的期望，文校长深知肩上担子的分量，他处处以身作则，以校为家，为工作而废寝忘食。在他的领导下，学校领导班子团结一心，分工协作，众志成城。通过大家的共同努力，学校面貌焕然一新，秩序井然，教学成绩突飞猛进。当年还涌现了被潮州市评为荣誉市民的见义勇为、下井救小孩的余潮溪同学，他是潮州市十八万中小学生的佼佼者，学校可谓教学、德育双丰收。凤凰华侨中学也被潮安县评上一级学校。

在我的教书生涯中，能够与文剑辉校长共事，我觉得是一件很幸运的事。我虽然比文校长年长十多岁，但是文校长的教育事业心，他的工作精神、工作作风及人格魅力永远是我学习的榜样。可以说，我在岗时，文校长的治学精神时刻敦促着我的教学工作；我退休后，文校长的敬业精神激励着我继续从事关工委及老年人工作，我真诚地感谢文剑辉校长！

（四）潮州市凤凰中学1987届毕业生林昭雄，现为广州体育职业技术学院纪委书记

我印象中的文剑辉老师

文剑辉老师是我20世纪80年代在凤凰中学读高中时的化学老师，是我中学时代遇到的不可多见的好老师！

那时的文老师，年轻帅气，白白净净，瘦高瘦高，举止文雅，意气风发，一看就是"喝过墨水"的读书人。他不仅课讲得好，又多才多艺，他是我们那批学生的偶像。按照现在的说法，那时的我们绝大多数都是他的"粉丝"。

文老师业务精，又懂得教，同学们都喜欢上他的课。当时我读理科班，化学是高考必考科目。化学课也是我最喜欢、学得最好的科目，这主要得益于文老师的授课有方。我记得他上课时穿着整齐、态度认真、语气平和，授课思路清晰、有条有理、深入浅出，善于总结规律，他讲得清楚，我们也听得明白。他能把枯燥乏味的化学课讲得津津有味，时常把我们带进一个奇妙的化学世界。印象特别深刻的是，文老师写得一手好字，他的粉笔板书就像书法作品，刚劲有力、整齐美观，一看就是练过书法，很是令人羡慕。那时候想，我也要好好练练字，学习书法，将来能够和文老师一样写一手好字。时至今日，我闲暇时仍不忘写写字，这也应该感谢当年文老师榜样力量的启迪。

文老师为人师表，很有人格魅力，是我学习的榜样。记得当年的文老师是我们老师中的青年才俊，常住教师宿舍，性格开朗，乐观向上，喜欢运动，特别是喜欢打乒乓球，在老师中是一个文体积极分子。时至今日，听说文老师仍酷爱打乒乓球，经常锻炼身体。对待学生，文老师平易近人，为人师表，循循善诱，亦师亦友，是我们心目中的好老师。我从高中毕业后，一直在广州读书工作，一直在高校当老师。文老师也一直在家乡深耕教育，先后当过初中、高中、大学的任课教师，也当过中学校长、大学系部领导等。三十多年过去了，文老师一直都在关心着我，我与文老师一直保持联系，亦师亦友。曾记得，我和文老师两人共喝一瓶啤酒，喝完后师生两人的脸都"红得像关公"，每每想起，都是美好的回忆。

人生虽短，学习却无止境。一生能遇上几个像文老师这样的好老师，足矣！

（五）东莞市大朗第一中学副校长柯献生

"文老师教我们"，理科班的同学脸上洋溢着自豪。身为文科生的我，只能趁着课前或有空时，偷偷地在理科课室外，感受那磁性般的声音，并在心里埋下一颗种子，长大后成为一名像文老师一样的老师。说来也巧，长大后我真的就成为一名老师，一名与文老师同一单位的老师。近观远望，耳濡目染，觉得文老师比起之前更为高大，行正品端，堪为"师之典范"。更巧的是，共事三年后，文老师到凤凰华侨中学担任校长，经历尚浅的我担任教导主任。教学没好招，手把手来教。文校长带着我下村落，访教师；定规划，重践行；常学习，勇革新。他对教育的情怀，对工作的认真，对教师的亲和，对学生的关爱，深深烙在我的心中，成为我教育路上不竭的财富。

（六）潮州市金山实验学校原校长林跃文，现为潮州市教育研究与教师发展中心主任

1981年到1984年，我在凤凰中学就读初中。在这个时段，我就跟文剑辉老师认识了，他当时刚好是从韩师毕业后回到家乡凤凰中学任教，担任凤凰中学的团委书记，兼任镇团委副书记。记得文老师当选镇团委副书记是在镇政府四楼会议室举行团代会的，当时我作为特邀的学生代表参加会议。我目睹文老师高票当选镇团委副书记，作为学校的一员，倍感荣幸。文老师虽没教过我的课，但留给我的印象是非常深刻的，他讲话声音洪亮，充满激情，讲课条理性很强。作为学校团委书记，他经常组织学生

开展一些有意义的活动，比如班级歌咏比赛、故事会、登山、游园等各种有益于学生身心健康的活动。

　　记得那时学校开展的班级歌咏比赛，文老师所带的班级获得全校第一名。虽然已过三十多年，但多才多艺的文老师亲自拉手风琴，那流畅按压琴键的手指，那拉开风箱的翩翩身姿，跳动的音符，如活泼的孩子般快乐地为班级学生做伴奏——《校园的早晨》，我依然记忆犹新！那旋律传遍了整个校园。"沿着校园熟悉小路……"女班长指挥的双手随着飘扬的音符舞动，令全班同学都那么投入，集体摆动姿势有随风翩翩起舞的韵味，美妙极了。这好似校园清新的空气，随风蔓延开来，令人陶醉，几十年过去了，还余音缭绕。

　　敢于挑战、敢于开拓的文老师，在那个时候亲自组织全校团员干部，集中在学校内宿。师生半夜三点起床，带上手电，由他带领穿越乡村小道，攀爬大质山观日出。下山还顺道访问了石鼓坪畲族，了解畲族远古文化，回来后再组织学生举行游园活动。在那个信息封闭的年代，为开阔我们的视野，文老师指导高中学生同台做各色爆燃的焰火实验，做"清水变牛奶"的魔术表演，这些奇幻的化学实验，点燃起山里众多孩子探索科学的好奇心。每每想起初中生活，就会情不自禁地感激文老师的教导，感谢他在我的心中播下攀登科学梦想的种子。

　　我从学生成长为文老师同事的过程中，印象最深刻的是他不拘一格，敢于用人，特别是敢于起用新人。记得我一参加工作，学校就对我委以重任，不但让我担任物理教研组的组长，同时也担任学校团总支书记。那时，参加行政会工作，我就是一个二十出头的小伙子，充满活力，我对工作很认真、很投入。记得一上岗，我就教初三毕业班的物理课，我课前认真准备演示实验，不怕花大量时间，就是为了上课效果好。我把实验教具改装在小黑板上，用不同的电线连接电路，有趣的上课模式使学生上课精神非常集中，都想对知识探个究竟，课堂活跃却有条不紊。记得文老师总出现在教室后听课，对我的教学效果很肯定，并经常给予指导和鼓励。到了学月小结时，文老师在全校教师会上表扬我上课演示形象、生动、活泼，教学效果好，更肯定了我备课时所写的教案模式。文老师后来还要求

243

下编　我的教育底色与憧憬：弘扬正能量　追求真善美

我们在教案的后面附上课后的反思体会，这么有创意的做法值得大家借鉴。我们物理组8位老师数我最年轻，文老师委任我当组长，但我总很谦虚地向老师们请教，并得到他们的指导，同时也认真地和他们一起探讨、一起教研，做到其乐融融、互助互进。那时初二、初三物理课本均有安排一些课后小实验，我们组的老师都乐意鼓励学生回去做小实验。看到那一百多件学生亲自制作的小作品，有小孔成像、自动抽水系统、电路控制器、照相机、自制天平、小发电机、电动机等，文老师非常高兴，决定把我们组收集的学生小制作小模型，集中到教学楼四楼大厅展示，让全校学生都来参观。就这样，科学的种子便植根在山区孩子的心里。因为有文老师的指导和引领，我们物理教研组的教学质量不断提升，我所负责的共青团组织，也呈现了"我们是一个充满活力和团结的先进团队"的精神面貌。并且，学校团委年年被镇团委评为先进集体，在潮安县团委各项活动中获得不少奖项。

我记忆中的文老师很瘦，他工作很勤奋，每天很早就起床，然后就马上开始工作。他也会在老师上课的时候，去巡视一遍，20多个班，他每天都会去巡查。他认真的工作态度给学校全体老师做了表率，大家看到文老师都这样认真负责地工作，自然也不敢懈怠。文老师是以自己的行动去向整个学校传达一种信息——要保持学校有活力、有干劲、生机勃发的状态。

文老师还组织学校的干部和老师大胆走出校门，学习先进的教学方法，让老师开拓视野、开阔思路、提高教学质量。记得当时到城南中学（当时潮州市最好的初中之一）学习考察。到了城南中学后，我们明显地感受到城南老师优秀的教学效果，学生们的作业布置得很规范，各门功课也都做得很扎实。在短短的一学期，我们还去了一所在潮安县也比较优秀的学校——东凤中学。我们一行四五十人需租一辆大巴，才能过去那边学习交流。过后我们还去了汕头大学参观。我认为这样一次外出考察学习的活动，在当时对一个在山区的学校来说是很了不得的。外出学习交流是让这个学校办好、办出成绩的重要措施，同时也让老师们学习到一些先进教育教学的理念，开阔了他们的视野。这是文老师多次组织外出活动的目的，这是他着力改变山区教育的一种努力。功夫不负有心人，1990 年到 1992 年，文老师付出的努力已经初步见效，为学校未来的顺利发展打下了坚实的基础。我们 1990 年入学的那一届学生，在 1993 年毕业时，一共有 19 个考上金山中学（潮州最好的高中）。如果没有文老师带领下的这些变化，这批学生很可能没有一个能考上金山中学。但当时有 19 个顺利考上了，这是超乎想象的好成绩。

1993 年，文老师调离学校，到韩师工作。但受他的办学理念影响，形成的这种充满活力、师生团结一致的氛围，一直在延续并深深地影响着这所学校的发展。

（七）韩山师范学院附属实验学校校长蔡灏淳

我心目中的文校长

与文校长相识，已近二十年了。那时我在枫溪小学当副校长，而文校长，应该是在韩师中文系担任书记。我们相识，缘于乒乓球，因为我们都是乒乓球爱好者。虽然那时只是偶尔在乒乓球场上相逢，但是每次的感觉都是那么亲切。

真正与文校长深交，是最近这三年。三年前，我来到了韩附，在文校长的领导下，全身心地投入韩附的发展之中，终于有幸近距离、长时间地领略文校长的风采。三年的深度交集，文校长给我留下了深刻的印象。

在我心目中，文校长是一位温文尔雅的长者，是一位博学多才的学者，更是一位德高望重的教育者。

他态度温和，举止文雅。虽然对于我和大多数老师来说，他是长辈，资历很深，职位很高，但是他一直非常谦逊，平易近人。无论是跟老师交流还是跟学生交流，他都是面带微笑，和蔼可亲，充满亲和力。无论是在工作中还是在生活中，他的言谈举止都是文质彬彬，落落大方，充满儒雅的气度。许多认识他的球友都说，他打乒乓球的风格都是那么温文尔雅。

他学识广博，多才多艺。几十年来，他一直潜心于教育教学研究，他博览群书，勤奋好学，勇于实践。从古代的教育思想，到现代的教育理念，他都了如指掌，运用自如。他虽然是理科出身，学的是化学专业，但是知识面很广，天文地理、历史政治、文化艺术，皆能侃侃而谈。他是一名运动健将，跑步、游泳、打乒乓球是他的强项。他是一名诗人，每当有所感触时，他就会吟诗赋词，抒发情感。他是一名业余书法家，在书法方面有较高的造诣，字如其人，温文尔雅。他是一名业余作家，勤于笔耕，善于把自己的研究成果、经历经验整理成书，留给后人……

他品德高尚，在潮州教育界声望很高。大学毕业后，他回家乡工作，扎根山区，爱岗敬业，积极进取；靠着自己的努力，从山区一名普通教师快速成长为一名优秀的中学校长，为山区培养了一大批优秀的学生。当他事业有成之后，他并没有安于现状，很快又从一名山区中学的校长成长为一名大学教授，为教育事业培养了一大批人才。退休之后，他毅然放弃了安逸的生活，投身于一个陌生的、充满挑战的教育领域，参与创办韩附这所高起点、高标准的九年一贯制民办学校，继续为潮州教育、潮州人民发挥光和热。此中的压力和艰辛，估计除了他之外，只有我比较清楚。面对压力和艰辛，他泰然处之，从未退缩，也毫无怨言，坚定而又执着地带领着团队一步一步朝着目标奋勇前进，用了三年的时间实现了自己的梦想和承诺，为家乡潮州增添了一所优质学校。

与文校长相识是一种缘分，与文校长深交是一件幸事。我非常珍惜这种缘分、这段经历。文校长的温文尔雅、博学多才、德高望重以及他的情怀和理念、人品和格局、勤勉和执着，永远都是我学习的榜样！

（八）澄海湾头中学副校长陈永进

我心目中的文剑辉老师

曾经看过一句话：人生最幸福的是年轻时有个好老师，结婚时有个好对象，工作时有个好领导。在求学时认识了文老师我倍感幸福，今天，我忍不住要好好说在我生命中留下深刻印象的大学老师——文剑辉教授。

1. 我大学时眼中的文老师充满书香气

认识文老师时，他是一个书生味很浓的老师，每天脸带笑容，谦逊随和，让人容易接近也喜欢接近。他一专多能，能说会写，喜欢运动，课上得特别好，又很虚心。有时还会约上普通话讲得好的学生帮他纠正读音。这样一个愿意向学生低头的老师，我们从他身上感受到一种魅力甚至是伟大，也慢慢地在他身上感受到很多作为师范生可以效仿的气质和能力。大学几年跟他相处，他感染了我，也在我身上植下了教育的情怀和热爱。当初读大学时，我是化生系的学生会主席，又是班里的团支书，工作和学习挺忙，有时很烦，文老师隔一段时间都会找我谈心，指导我如何科学安排时间，处理好学习与工作的关系，又帮我解压，帮我树立信心。大学是我最充实也是收获最多的时光，而今我在教育工作上的许多理念和方法，都是当时文老师悉心指导的结果。有些认识我俩的人都说在谈到教育问题时，我的口气和观念跟文老师惊人地相似，我不免感慨：跟对一个好老师，人生和工作就找对了方向。

2. 我工作时眼中的文老师充满儒气

大学时我和文老师结下的友谊特别深厚，加上我和他经常交流学习和生活，彼此之间更增加了认识和了解。可以说，他在我心中亦父亦兄、亦师亦友。我们来往亲密，俨然一家人。特别是我刚毕业时，几乎每周都会跟文老师联系，除了嘘寒问暖，主要是请教教育方法，汇报工作想法，每次他都饶有兴趣地跟我谈论中学教育，每次我都大有收获。这几年由于我的事情也多，少了见面的机会，但电话的联系依然不断。尤其是他倡导的活力课堂和精细课堂理念，使我获益匪浅。我从站稳讲台到成为学校教学骨干，直至今天从事学校管理岗位，仍然秉承文老师的很多教育理念。文老师喜欢写毛笔字，喜欢看《论语》《道德经》等国学书籍，尤其是他在韩师中文系当书记时，跟很多中文专业的同事虚心学习，而今眼前的文老师温文尔雅，更具儒气。

3. 我眼中生活中的文老师充满活力

在我印象中，工作之余，写字、读书、运动几乎是文老师固定的生活模式。曾经听过他的一个讲座，他说过一句话：无论你是否有运动特长，一定要有运动爱好。几十年的印象中，打乒乓球一直是他的运动爱好，所以他一直很有活力，显得年轻。他也很关注身边的朋友是否有运动习惯，有时为了帮助这些人培养运动习惯，主动购买运动器材送给朋友们。在他的影响下，我也喜爱上打乒乓球。现在一见面，来几局乒乓球对抗赛已经成为我俩互相招待的固定方式了。文老师退休几年了，看起来还是五十刚出头，我认为是运动带来的、善良带来的、温雅带来的。在羡慕文老师永葆青春的同时，更祝福他永远年轻。

4. 我眼中退休后的文老师颇具情怀和智慧

文老师退休后，应邀担任韩山师范学院附属实验学校首任校长，他一开始很犹豫，我得知后专门前往游说。我跟他说，你作为一名全国优秀教师，又是一名中学教学法的教授，加上你对基础教育的一片浓厚的情怀，现在去中学发挥余热，既是一种责任，更是担当，您若挑起重担，是这所学校学子的福气。在我的极力游说下，文老师终于答应了该校的校董会，并答应只干三年。我多次应约去该校参观，熟知文老师管理学校的过程和细节。文老师的治校策略是文化立校、策略管校，从筹备学校到如期开学，从顺利开学到学校常规管理，我作为一个旁人，亦感受到他的敬业和睿智。一个开办才一年，就吸引众多学子纷纷前来就读的学校，这可以说是民办教育的传奇。其中原因我看得出，第一冲着文老师当学校校长，学生开心；第二冲着孩子在文老师当校长的学校就读，父母安心；第三冲着文老师这样稳重睿智的校长，老师们工作起来顺心。

这辈子认识文老师，是我的荣幸。作为文老师的学生，到后来成为他的同行，我很感激在教书育人这条路上，乃至到为人处世，遇到了文老师这个引路人。他对我的提醒，对我的建议，即使有些是刺耳的话语，也都是金玉良言，正是有他的谆谆教诲，我才能也成为一名好老师和一个有责任担当的人。祝亲爱的文老师身体健康、永远年轻。

（九）韩山师范学院附属实验学校政教处主任赵建利

校长是一个学校的灵魂

校长的思想决定了一个学校的发展方向，有思想才能出思路。校长作为一个学校的最高决策者，在许多方面影响着整个学校的命运。可以说，校长对学校核心竞争力的形成及发展有重要作用。一个学校核心竞争力的形成，办学特色的彰显，教育教学取得的效果，都依赖于校长的专业素养和超前的思想。思想决定目标、决定方向、决定高度。文校长在韩附办学之初，高屋建瓴地提出了韩附的办学宗旨：传承韩师文脉，培育时代新人；教育理念：全面育人，精致育人；校训：立德、明理、博学、笃志。这作为韩附的上层文化建筑，为后期学校各项工作的顺利开展指明了方向、提出了要求，也为学校德育管理和教学管理提供了理论依据。

首先，文校长既有广阔的知识储备和良好的知识结构，更有科学的管理知识。作为一校之长，文校长具备全面系统的学校管理知识和驾驭全局的能力，善于充分调动领导班子及教职员工的积极性。其次，文校长拥有系统的文化知识和对教育的情怀，又是从教学一线成长起来的，对教育的理解和学校德育管理都能信手拈来，所以文校长才能在师生中树起很高的威信，发挥自己的影响力。最后，文校长具有良好的表达能力，能有效地指导学校工作，不断提升学校管理水平。因此，在实际工作中，韩附的教育和教学能实施高效的管理，措施能得到有力的落实，从而培养了一批高素质的教师和高素质的学生，为韩附的发展奠定了坚实的基础。

文校长实施的具体措施：

（1）实施科学民主、精细化管理，促进学校健康快速发展。任何组织的成功都是5%正确的战略决策，加95%高效的执行。没有执行，一切等于零。提高学校执行力，关键是要实现精细化管理，抓好落实。对常规工作有明确的目标、要求，并落实检查评比，形成落实常规工作的有效机制。坚持计划管理，每学期将工作计划具体化，将工作细致安排到每周、每天，月底对计划执行情况进行总结、反馈，对任务完成的质量和结果进行反思、整改、考核奖惩，确保工作真正落到实处。坚持制度管理，建立和完善教学质量考核制度、师德师风考核制度、班主任工作考核制度等严格的管理制度，认真执行，确保管理的有效性。坚持程序化管理，落实岗位责任制，各处室做到职责明确，责任分工具体，操作规范，配合协调。坚持"科学管理，民主治校"的管理理念，有效放权，发挥每个螺丝钉的作用，增强管理透明度，虚心接受教师的意见和建议，切实做到作风民主。

（2）突出办学特色，增强学校核心竞争力，坚持"全面育人、精致育人"的办学理念。学生的全面发展和健康成长是学校的头等大事，是推行素质教育的重要内容，坚持德智体美劳全面发展。开展各类 HEC 课程，坚持核心素养培育，在确保正常的"两课两操"基础上，积极组织学生开展晨跑 1 000 米活动。文校长自己也积极加入学生课间跑操的行列，言传身教，深受学生的喜爱。

（3）构建学校文化环境，打造良好的育人氛围。学校文化是学校的灵魂，它能渗透到学校的教学、管理、服务等各个环节，具有教育导向功能和激励凝聚功能，强烈地影响师生的行为。学校一草一木，一人一事、一情一景都能"随风潜入夜，润物细无声"，做到教育无痕。学校举办了"庆国庆　韩附情"红歌合唱比赛、大课间展示活动、家长会、迎新晚会、教师节团建活动等，文校长还亲自开展各类知识讲座，亲近学生、走近老师，让校园文化充盈每一个学生、每一个老师的心田，也为后期韩附校园文化的打造孕育了良好的基础。

（4）以人为本，注重队伍建设。教师是学校发展的核心资源，是教学成败的关键，调动全体教师的积极性，增强团队战斗力是坚持科学发展观的重要举措。文校长坚持致力营造一种"以爱育爱、和谐发展"的学校环境。倡导"爱的教育"，校长爱学校、爱老师、爱学生，老师爱学校、爱孩子。爱可以感染，可以传递，可以交流，让"爱的教育"培养出爱社会、爱家庭、爱父母、爱老师的孩子。积极改变教师紧张的生活环境，经常组织教师参加团建活动，化解教师心中的各种焦虑；给教师鼓励、认可和希望，让教师减少内耗，增强活力，以唤醒教师的职业幸福感和职业责任感，有效地激发教师工作的主动性，营造一种有利于全体成员自我管理、自我发展、自我超越的氛围；最大限度地调动和发挥教师工作的主动性，力求让教师达到敬业爱岗、无私奉献的工作境界。在此基础上文校长多方联系，注重加强中青年教师的业务能力培训，提高教师业务素质。坚持聘请市、区专家进行教学理论专题讲座，开阔老师的视野，让教师把握教学新信息和新动态。同时加大校本培训力度，通过汇报课、示范课、观摩课、交流课教学，提高青年教师的教育教学能力；积极搭建教师展示的平台，提供发展机遇，创造发展空间，为教师的发展提供优质的服务和展示的平台；对教师的职业道德、工作态度、工作能力等进行量化考核打分，综合测评后，选出最受学生欢迎的教师、最关心学生的教师、工作责任心最强的教师，结合每月考核结果，评选出优秀教师、优秀班主任，提高教师的荣誉感、责任感，激发教师工作的热情。

文校长的一举一动、一言一行无时不在熏陶、影响着全体教师，甚至学生。文校长更多地给予教师尊重和爱护，关心教师，视教师为朋友、知心人，充分调动各方面的积极性，形成强大的凝聚力，提高学校的整体办学效益。在处理问题时，他既有"诚恳"，又注意"容忍"，为韩附尽快走上正轨，付出诸多心血，为韩附在社会和教育界赢得一片赞扬，韩附的发展和壮大文校长厥功至伟！

（十）韩山师范学院附属实验学校教研中心主任黄森水

君子之交淡如水
——我与文校长二三事

2019 年夏天，我第一次见到文校长，印象十分深刻：谦谦君子、温文尔雅、虚怀若谷、谈笑风生。言谈举止尽显长者风范和师者气质，莫说中学校长，即使大学校长，风度亦不过如此，令人心折。当时我不揣冒昧，赠给文校长一本自己的小书《流水集》。无他，教育理念趋同，相见恨晚耳。

当年相谈甚欢之地，即今韩附实验学校。我们走出校长室稍作参观，当时学校主体已经竣工，正在进行后期装修。水泥地面上沙石成堆，电线纵横，一派繁忙。后来才知道，由于工期延缓，文校长带着一班创校人员，边跟进施工，边招师招生，筚路蓝缕，个中艰辛，一言难尽。

第二次见到文校长，时间已经来到了次年仲夏。这一次我不是来拜访老师的韩师校友，而是受文校长邀请来给韩附老师们分享教学经验的"教学专家"。有感于文校长深情厚谊，仰慕其教育理念，我将十几年教学教研的经历中对青年教师略有启发的成果全数分享，并在末尾处特别回顾了就读韩师时的教育梦想。我当时的愿望是借此机会，将包括文校长在内的全体韩师人对教育的执着与追求，略作表达，希望能在青年教师们的心里激起一些回响。

此时的韩附基础建设早已完成，气象开阔，设施完善，建筑理念与深圳姊妹学校接轨，为潮汕地区仅见。分享时我特别注意到，韩附的教师团队尽管年轻，但精神面貌积极向上，会场秩序井然，提问也很有水平，潜力很大，前景光明。韩附，显然是个适合教师成长的良好平台。

出乎意料的是，隔年的夏天我再次来到了这里，又一次见到了文校长。这时讨论的已不是分享教学经验的问题，而是加盟合作，共同推动韩附教研教学的愿景。

2021年夏，经过深思熟虑，我决定接受文校长和韩附的邀请，担任韩附教研中心主任一职，兼任九年级主管行政。这一年算是我个人教学教育生涯的大转折，历练辛苦，自不必说。幸运的是与文校长接触和讨教的次数频繁，获益良多，对于顺利转身大有帮助，内心十分感激，略举数例，以示不忘。

1. 文校长励志的教育经历

文校长家世居潮州凤凰。此地如今以植茶制茶闻名，但文校长高中毕业考上大学（韩山师范学院）的年代，这里以农为本，远非今日富庶。作为20世纪80年代的大学生，文校长毕业后回乡教书，村里人颇感惊讶。然而他认为，"我自己作为家乡人、山区人，如果还不愿意回自己的家乡工作。那么，城里人，其他地方的毕业生就更难到农村、山区来工作了"。

经过几年的辛苦努力，年轻的文老师在平凡的高中毕业班的化学教师岗位上，硬生生将一个山区、农村中学的化学高考分数逐步提升到全县第一，成绩斐然，1989年被评为"全国优秀教师"。后来调到大学母校韩师任教，历任化学系副教授、中文系党总支书记、韩师组织部部长，以爱生敬业，开启人生新局面，用今天的话讲，堪称"逆袭"。退休后，文校长又带领一帮年轻人，参与创建韩山师范学院附属实验学校，继续践行自己的教育信念。

如此激情，从何而来？历数多年教育教学经历，文校长总结了几点：

"如果说我真的有点小本事的话，那就是有一腔教育情怀；那就是奋斗，就是拼!"

"人生的机会不会太多，能够出彩、出亮点的就更少。我们没必要作秀，但我们要在自己的岗位上、在自己的人生中做最实在、最精彩的自己！什么叫双赢？做好本职工作就是双赢！既教好学生，又成就自己。"

与老师们共勉：做一名"心中有梦想，身上有热情，手中有书本，工作有心思，生活有色彩，有滋有味的好老师"!

2. 文校长踏踏实实的教研风格

作为韩附校长，文校长长期深入教学一线，参加各种教研活动和会议，工作量之大，令我这个年轻人兼教研中心主任汗颜。他时常经过教研中心门口，看到我们埋头工作，轻轻说一句，"你们忙，我先去听课"。搬个椅子，一节又一节课，扎扎实实地听下来，听完还要花一节课甚至更多的时间跟上课的老师进行交流，将自己的理解和盘托出，供老师们参考和对比。上学期初中部举行"公开课赛课"活动，文校长一次不落，认认真真听课，仔仔细细评课，有热情洋溢的鼓励，也有切中肯綮的点拨。我和老师们的评课记录常常因此记得满满当当，丰收的喜悦，油然而生。除了日常听课，文校长还经常引入外校优质资源，灌溉韩附教学园圃。举凡专家讲座、名师课堂、教授评课、校际交流，他都不遗余力地推介和组织，换来的是老师们日渐开阔的眼界，不断增强的教学技能，以及日渐提升的教学教研水平。

3. 文校长对教改方向的精准研判

多年在中考备考一线的教师，教学思维难免受到"备考为先"的影响，体现到具体的教学教研中，就是比较重视考点落实，重视针对性训练，重视讲练结合等"技术层面"的环节。但文校长的教育教学理念显然远远走在前面。他强调"备课、上课、辅导，一切为了学生，不让一个学生掉队"，强调要引导学生提问，加强课堂双边互动；强调"从生活走向学科，由学科走向社会"；强调教师要及时更新观念，研究教改走向。

他在"漫谈'优质课'"的讲座中，分享了对一节优质课的评价标准：

（1）要"以生为本"（教学对象）；

（2）要"依标靠本"（教学依据）；

（3）要"生动有趣"（教学过程方法）；

（4）要"随机应变"（教学机智）。

其对教改和教研的深刻理解，可见一斑。

在深入研究了新课程改革和"双减"政策的基础上，文校长对2022年韩附第一届中考，明确提出了"依标靠本，夯实双基"的指导方针。考虑到2021年中考整体难度增加，尤其是数学难度空前，一般的观点会认为，对于较难的题目和较新的题型，也要适当加以训练。然而中考结果出来，证明文校长的判断是正确的。2022年中考，大部分学科难度降低，数学尤甚，中层生和"双基"扎实的学生遇到空前利好。韩附这一届孩子尽管整体起点较低，但最终取得了超出预期的成绩——屏蔽6人，上金山中学线39人，上华侨中学线130人，获得了社会和家长一致的认可和高度的评价。这是所有韩附人共同奋斗的成果，但文校长的战略和战术指导确实起到了不可替代的重要作用。

4. 文校长丰富充实的精神生活

文校长教学教育态度极严谨，对待工作严肃认真，但工作之外，他多才多艺，富有生活情趣。在体育运动方面，他极有热情，平时打得一手好乒乓球，不输年轻小伙；为了激励学生加强体育锻炼，他在大课间跑操时亲自下场，跑完全程轻轻松松，体能比我这个疏于锻炼的"年轻人"好得多。在他的带领感召下，韩附第一届毕业生的体育成绩从八年级到九年级跃升了许多。此外，文校长在书法领域耕耘多年，颇有成就。韩附大门一进来就看到的"立德、明礼、博学、笃志"八字校训，遒劲有力，尤可涵泳，或以为是名家手笔，其实即出于文校长之手。我曾专门向他讨要墨宝，求得八个大字——"慎思、明辨、求是、创新"，装框入镜，悬挂于教研中心，真有蓬荜生辉之感。

2022年暑假将尽的时候，文校长荣退后留任名誉校长。在最后一场行政会上，他感谢了几乎所有的人。他说道：大家三年的努力，韩附已呈现出稳中向好的发展态势，第一届学生中考一炮打响。同时，他表达自己已完成学校董事会托付的两大任务——使学校走上正轨、物色一位称职的接班人。他希望学校继续贯彻"全面育人，精致育人"的办学理念，支持继任的蔡校长的工作，知难而进，创造韩附更好的明天。

5. 功成身退，高风亮节

这时的韩附，经过三年磨砺，已摆脱青涩，走向成熟，开始打造品牌，向着"潮州名校"稳步前进。文校长将继续引领教研教学，增强韩附的核心竞争力，继续传承韩师文脉，培育时代新人，令人安慰，也令人欣喜。

文校长是高人雅士，我是后学晚辈。但他尊重所有人，平等相待，就事论事，没有架子，温厚宽容，听君一席话，如坐春风里。君子之交淡如水，值此春华秋实之际，以短文一篇，赠文校长留为纪念。言拙词穷，贻笑大方，尚祈见谅。

（十一）韩山师范学院附属实验学校原教导处主任陈钿

含英扬光辉

在肯德基，一位长者拿着一本宣传手册，正向一位青年人，讲述着这所即将兴办的学校。学校是韩山师范学院附属实验学校，长者便是文剑辉校长。一次长谈，感激奋发，我便义无反顾地奔赴新学校了。

教育者总是不甘寂寞，我们要做的太多太多了。教书育人，从来就不是一件轻而易举的事。文校长一生从教，凡四十余载。来到韩附，我看到了文校长对家长们的承诺："家长们请放心，因为我们很用心。"往后的点点滴滴，"用心"二字绝不是口号，而是实实在在地体现在实践上。在此，不由得对文校长肃然起敬。初心不变江湖远，旧情难改落日长。

文心雕龙凤，妙手著春秋。文校长眼里总是有老师和孩子的，"传承韩师文脉，培养时代新人"，这是韩附的办学宗旨。是啊，老师和学生，是学校最大的两个群体。学生是否能够健康茁壮成长，我们需要对家长和社会负责，老师是一面镜子，能帮助和引领学生努力发展自我。学校的办学理念是"全面育人，精致育人"，怎样育人，育怎样的人，文校长是内行人，至于怎样育人，其具体标准，便是"立德、明礼、博学、笃志"。这八字校训赫然就写在学校大门墙壁上，韩附学子往返求学路上，每日路过孔子像，这八字校训，总会在心头默念吧！

每一所成功的学校，都离不开一个成功的校长。校长是一所学校的灵魂，他带领着学校的中层管理者，引领着教师团队，面向全校的教职员工，重要性不言而喻。我有幸在文校长的教导下，在学校担任了两年的教导处主任一职，获益良多。一言概之，唯"实心"二字，实心用事，谦敬做人。作为学校的顶层建筑，文校长总在为这个屋檐下的所有人遮风挡雨，校长尊重学校的每位教职员工，这点尤其让人钦佩。每每在他办公室，抬头看见那"惠风和畅"四个大字，再看看文校长慈祥的笑容，他当得起这四个字。文校长总要求我们中层干部学习，在我们的心间埋下一颗成长的种子。每次行政会，都是谆谆教导，有时候感觉更是苦口婆心了。如何在民办学校，担起一个服务者的责任，任重而道远。我们作为中层行政管理人员，要对学校负责，要对家长和学生负责，要对我们的教师团队负责……其中的艰辛荣辱，也只有过来人能够体察分毫了。

匠心独运，铸就辉煌。来到韩附，自诩单兵作战能力极强的我，告别了以往的单打独斗，感受到了教研团队的重要和意义。文校长历来重视教学教研的发展与成长，经常把这两个方面比作人的两条腿。以教助研，以研促教，文校长为学校引进一系列的人才资源，坚持"引进来"和"走出去"的发展策略，为学校的教研组、备课组乃至整个教学团队，倾注了无限的热情和能量，让学校的教师能够兼收并蓄。我很荣幸，见证了我们教师群体的成长，韩附的老师不管去到哪里，都是谦恭有礼，不卑不亢。教学是教师最重要的工作，讲台是教师最耀眼的平台，校长让教师们能健步如飞。相信这番磨炼，作为老师也能双脚踏实地，起舞动乾坤。

在教育教学上，文校长总把学生放在最核心的位置上，饮食起居，无微不至，操场总能看到文校长与学生一起跑步，节日给予教师与学生问候关怀，考前给学生做动员、鼓励工作，给新生开讲座，带领学生进行综合实践研学，开展特色校本课程……学生知道，在韩附，在他们全面发展的背后有可亲可敬的老师，还有可靠可信的校长。在教师与学生的关系定位上，文校长可以说是返璞归真。教育理念日新月异，教学方式层出不穷，校长还是那句话：学生是主体，教师是主导。教学相长是教育的真理和魅力所在，忽略其本质，冰冷的数据往往以偏概全。一校之长，有此坚实理念与坚决执行，这对师生，是莫大的福音。

教育者无常心，以师生之心为心。心怀师生，更兼一颗平常心，便无惧前途的风风雨雨。我总要不时拿起文校长的一句话来品呷：教育的地方，相信会给人一个公正的评价。忘不了文校长总爱说邓公的三起三落的经历，让人踔厉奋发。数年来，文校长对我的批评、教导、勉励，点滴不敢忘怀，我是一名老师，是一个教育工作者，这才是最寻常、最踏实的。

祝愿文校长青春作伴，凤策扬辉。

后　记

　　《当老师真好》一书终于要画上句号，但我对教育的遐思和憧憬并未停止。书稿的最后想用一首小词表达我对教育事业的热爱和眷恋：

教育之恋
教书生涯，卅二载，载载不歇。
从小学，初中高中，直至大学。
三尺讲台写春秋，粉笔飞扬绘日月。
公民校，画了个圆满，真愉悦！

教与学，费心血。师与生，齐跨越。
齐跨越，策鞭驰骋原野。
老骥伏枥志于心，殚精竭虑勤于业。
无怨悔，放眼新征程，翻新页。

值此之际，向一贯关心我、支持我、鼓励我的诸位领导、老师、同事、亲朋好友表示衷心的感谢！向为此书的出版给予关注和帮助的韩山师范学院领导、同事、朋友表达由衷的敬意！

文剑辉

2023 年 12 月